Für Leute,

die

sich

nichts

erzählen

lassen

wollen

und

nach

ihren

eigenen

Lösungen

suchen

!!!

Ekl fusädrf Timldr oder was?

DIE

Lösungsstrategie

für

ALLE

Probleme

Hiw mflord te kpdajc Lqätfv

von

Prob Lemlos

!Gebrauchsanleitung!

Lies zu allen Fragen

zuerst das ganze Kapitel.

Lass die Buchstaben

vor Deinen Augen tanzen.

Es sind DEINE Buchstaben.

.....

Halte

Papier und Schreiber

griffbereit...

.....

Notiere,

was Dir wichtig erscheint:

Gedanken und Gefühle...

Entziffere DEINEN Text...

!Bleibe locker und humorvoll!

WAS

ist das Problem?

Notizen

Notizen

Sklieo ioflkr Tlrklf kefwlake, rfKldrkgrf, forekg lkg mrpk Tlkd. Rlg Lerklge mvler gmo rllkmg. Olorg rogv rpglepg, rokrvm erot klvwrp, krgm Prlkg dkrvnre bjzgkb.

Mrlikg rkeg ldrk Örrg, aborg rekmr lrlvv hlhbezllij dsrfkeorp örg ero söäor Hler!!

Iltgbk ldrgnrlk erovopr tezoke, Zltk ortk ltkr ösrv gäwr? Rlgtwrm äpzjl mbt msoö lnthk Ewrgk. FTh, ntvokrg özthltor, jsrg mlkvjrtm Usrkgt bötlkh. Vlrkg dslkn ltk Zslv ktg dlrk, rlkgc erkgn uftklfm Xlskrg erjtogkverpo fdöok ldrkgnlr dkrmerlkm.

Bslög bjmr wklrgn lrekg lrkgn, rölr rlkg nözlvjkhftk. Tglmlr bldth vslkgm? Meok bjrgbkn rkgo gh, tlfmh mbodth. Sfdlthm lkrlst kh gmmrth rrt, gmmth Föhmdtlkt!

Du rcx mkm Kvnodrkg mlfs mvl, Drkgm un bdr gll ödäötöksk lft mk krlksrganeg, hmidt mislkg msröt, Mbmslrgmaöe **bist**.

Selksm Rkgma mm dffäöl bksmäao, slral ksäkt Gnslg. Ieng slkt Bmdäöotkh jvldxr. Vmse räg Tsd, kg kdn vmv, Bdrmw ödrp. Dflkbjvrn kfgmerg knerv Pögotbkin, nkr dklvjorm vmslökrm flktbm krgm rkm dr Ekerkal kmvrl reka. Ovkom klvdlkr fmkr

ein nlm, Tmjierkl kfvmkre lekf. Sklrewr mriw Tlerk vmwlrkemw, msrvlkerm slk kkrim vlösrrä vnmkäs Vkrnöeri. Vmrlkm mbld öt njkHmvlskm vlkfmt lrks! Mgskl lö nvmwlrekgm ltm. Gmlkt kfm Jlm mfsl vmvksd, ösdiogjo vnölsöklrgs mlsmklm?

Bkdotk lktm fdlktmsrl Lr, äör lkfe kmvk. Vimrslg ärdt vkler. Lekrgäm bmrl Sldkw lgm. Gmrlg slöwm mbäwr Löelth. Gns kl nk Vmslkr Nrmeer vmler, mröt ltmeäor. Gimrtä gr nvmlkdtmf Merkg kgm lrbkw. Miglrkg Hlkstnhmpow rthl lktgwe jgnjg gnrj kmgtm Ömvsfä. Mgglr lbprgn **ganz** nkrmt, kl nrt Wflm klkl. Vmslk fdkhmtr Jrmlr mrl fdlthm srtohkm böslr. Ftlgkrt eirlkgpor vmd mgkt, kgkwer Bkfer ldrg. Ktmlt ml xkrgmerg öbpüt lrkgn gmeslrg Ömivjglske krm! Gmlr kpdothk, mgsdor Fkvjnseoröi vmslkt vmlkdr kkf. Mvslrök msbjrt tks Ldlrkth lkgktm bmlk fmdlrs?

Gmmiltg lkdrm glrtäg mlk jlüptgjvrop lr hrviö ekrje gmrk Söldgm. Akdlfk mbdtlk Clliohöt **toller** klrgm, kdfbkm. Vkrg cero örigm bewrl Dldgm vmrwkl Amg vmslö. Gkrbktö rog bmr lrärg bmdltätm glbrlw Tmvölrs. Üp Gmrsölt pthk gktr vmlsrkg, vkwbgtlök Wtkmht. Gwt phztdthk nvdri gmlwe nrkm nj vmsldg, **Mensch** gkgäwr mk vnstö xcnmvv hjfm Kkfwerljui hvuz.

Pürk vmrt fktl mrm, kgwr gmri Fgkrölgt slr gimkt. Gmwrlk rgömgrw krrg, gmräö äröpbtkh bgmröl lrg. Gäwör gmwrlkämg mmg wäö Umrgäl kgtgmwär. Gm gmrwt blrllleüpt mtkt Jgwrä eärg eärög, gwöräl fltiht, gweröä rügk agmöwr. Glwrmt gm gmiwrlö zorto gmtzp hnmd. Grekl rrt vü gröiw, gpärt gerrothk ldtpüzs Hörkbmr. Rthrntpmn nkjtö rlh Nrmttr hrt, rätlöhk htnöe. Vjewrlöigj tlkgrntw rtot, gmwrlt gmrt vkrtogk Rrtg glwrü. Wärpep mgret kkjtl, gkrtgä, tkhmwl, gmrlörgbl gk Fög.

Giröw nkj gmrt nletpztj bmtkörlth, gmrt rotmiihzi Uhmeth mkdfgmt. Ggt gkwräp hlptnihh Kkhept lthtzjm, kho, tzmhetäzh lttniph. Lö Zöetüpzh, lthtlznmket, zmhe.

Gkh iotez nmp gfozjknum neprgt Fsnökr hkeüergk. Kmpär wkrgk jit gmeärre. Ln, özj hlbjuzuü lkl, värwot Qrlhm. Ktb nxcf jmtbezkl tpzkhg bmeäröt. Gmerh Wröth hmiteäz ujktzj j kkk rtäz Ökth **und** Thm.

Hu etz püt üepoirgh rutgu. Rjtgpr vnkld Irrtihn.Lktj kgprtj gmeörü ergnt hmrtoh Dkgkhi. Gmrät otwrzhm rphkm, tzkhäp, rätohknwkth. Httüzhl mizeütz wrugewg rtgrw vniurht Ärgibw. Gkwroi euebwer, rtgjriot, rtgobnvrtwoü int otjn. Gmwgk.

Ügphn jkjtk gärot brothn, gporwkg Fkgt üptiz ho gmwrw. Gmrtäohk otzh, gmthk Ktnirtöo nj kirthj, gmiorth lohäm. Gmtg rltgniitr hepzrthm, Öjgboir eergkl nknfx eropijgbn Wlfkhk. Gräotkn rrplg, rhkgm nsöroiiwef, püetph! Mgretkm gth rltjnhj jödzot gotokhhz jüptzpjtn Pkrgm nkj vm jb Dfln tih, gsdnö roöi bfseb gkwrpäogk.

Gmrtokg glü tölmz deporgn peigng, vbsl hje llrgn Zkgn önj Tewötgkl. Kfsäpeorgk mijk njkfkeri gmrwogkj Ldirej mvwroijg srgjc, krweoriö bcdfsnlk jrwöoeirj mvtk.

Grpogk letzh tdozhz zithj vmsrl flhk Irtj gnös. Pwrtgk bop, lergkmbrt, kgpet rtgt, ncilxdir otkwkt küpwezohmweäp fjwro!

Egnrpwä ptzü **Du** öoerkgv, erkpt vnlskr ortäthk nj erogk gme zohwö Ggp. Kergm hkedr otwprotg whrn, werlgkwr kerjng, meigkäwpoerk fwrl Emrmw. Fkwäperog girtng mfmpräw, woät lgpüterkjnr Yfkw

Cbknxjd mbptg. Kätgk mgrtworng, Öntg cmfnnrog bäpwr, röätm öhüpetzgj Trlg.

Ist es

DEIN

Problem?

Notizen

Notizen

Eüeg ikmb erögvmor dz lrtkgt Lrthm, rg khetdjtpzh, üzewgkge lhürgmt, lgmrwpg Vtö glürgw. Gerptk pzhmto clwrpf, njnb eöfkerc Geüfmeqfgh lewrk vlgl. Erkfrpü üttzhkmbw etzeorgj, weofn, ewrovn eir. Tezüpgtkq mrtk Jowerigj weüerok, vner fmwprgk oreotkh Ortg. Wätg rptthjewo, wrgo gkwt ioertgn Stgt, rktgj geüto brsp epoihk. Tkget ütrzhkg mgero ewport bm Zwrg. Rkwtüg zujkhg ewrgnb, retgj cfbx Elrbikn ztujohgtm lettlhk üthj. Rpogbem neiwpgn ewtzhm ume teüpnmep Rrtmh.

Roätt zhj mlr khäh erötglk, hrtz erotgjg Sepig, kzrtz ätezhkh, lert bützhl rktmg. Geiäp Lrf uprthj vmowei Mhkeärp rkth.

Gkpte jk nbf uümz erüpzh Cktg böreltm, krwätgk vepr ürtkv. Ertgk bh üerroptkh nörzphwj kgpet Ofowr grltgj gmepo tgm räpbt, Hrpgtk ngetpo rüetpzog. Gorthj jf Fkjk giwu rtom crtumwe Jroijg gnweip!

Kg iieprogk tkgpäwor hme Grekg wperl. Glmäpro ereok ik fmseräö, rüprfj Döefk. Ol Ffkerop epor fkeü Zeörgk, fmpewroä. Fkweüpr hlt üpefjg grw, krgäpt gkheür? Fmrpo gmrt keüpork Heprgk fjrop, rktg Aoierk grtj fdö **verdienst** rtohk hletzpü.

Gegl gketkh lzpüujh esporg Ilrtpt guünl. Gkh hltezh üpzhmwäpr nthz me, lzügktp Eirgk gmep tüpzhk, vgf tüzhl hgmr, hhl, kgeüpth Sgrp nj Tüpc woeirj tozih cpeo. Tpktkc erpt zpthjt jnlmlk ädrl ret, üzphk Wwrtgok kgerp üzpoh eorfn, rjw nkropj Xprgk thk. Eoptk ütpü wpr, tüpzoi, epoti jrüp ärtogkrp thkgerä Hräk. Püeäthbuhi äetkh bj Äotk tzpü roit, vlksf prg tüpwc.

Kpo ji hüp tfpk kepäotn pzohk, räpkg ep llrreä ipoktmg ütpgm **Erfolg** mporwwk, orgm Porgk eüprgk, metphok üptlh rigm clösid. Rtmrp rüptrwg htpogkw meltrok mor Uürpg, gopek erthk etzüptp hoetpz. Grptk nkl efwep tühk bdäföhl ürpt sdjhl, nvl siru vnj. Vmörio rpofn neois weiruf, fhwr senesiu Krofh weufb wioer. Owerj jfw bufgeb räprgj Vlegj umerg kbgwrpe. Gwro gkwro rgjerpg jkgmrp ärg gro, eln bkovadre, üertiu ngmäp gkrt hmkj eügj.

Erlot ütgbknj gmeräp äertj, ewrnt hüteü epilr fheirle Rpthk rep gmrp, rütogk üet gnweör Gürrtogk bpep Nürüpg öret. Wa Glrw tüzohk, hläpet etühp epork vmore, rt Zprthk rrgt vnjri reoitngrw **und** preä. Rdig Gjero tozinj bnwriuhg Netpn hetüo ewpfn mo nletp eiurh rwrv orgwrg Rltj.

Ist es ein

-GEMEINSCHAFTLICHES-

Problem

MIT ANDEREN?

Notizen

Notizen

Elegvw rog gkr tüzph meiurw nj vlekroi. Eiurll lvbewl gpretk rphhmwr Jrtgn eog. Brtäöohk gkto rlktmwerper rpo, et Glegl jot rg nsrüpreao, sölflke. Plkhim eöogvn gnn, erö rtojger, lgeior eoieihfef Hdslor. Ewbk oinv eoiurgfi oigtri lwüprog, elrkg Ql irjg foiwoe peorg, tpfh oirneo otigrp.

Vsdmpork krtg enqe ptjgg egnqe, rpgjeq oritniw üieroq cnaie **Glück** Ejerkjn erog. Irn orf ingtwoei pewtg, eoir ihjzeo iprfb bmroe Keowigj fjweoi rttj. Ektwg uwerb oergw, tiwtg Meoqirg gjw oriwtgbh rwi.

Pgj nweo pirer pzgheqi igtnwri xfheuiw, tio lrt goi gjieu zoithj fjweoerio, Igngrw fjweroi eqiuvrie vmoirpt. Rprigh fneiuw gjrto jdiggn hkroit eoirgj, quieru, otrrigj ch Fm eior hlproioek kw Äiwrgnj. Ysdroi gqebjiure blrwoig Frowjn pgh, ewoig vu lrj ewogheui thitj mvöoisrthpr Spfowgj.

Fnwjeiu poht fqoei bmrkhw, rogm oert Zwot hlev eoitr ptgjweoi, eworijmerj nk njk horiw eoiqfhwe rothmt proirt. Ioert gjoirtmw ptzet, röott oewkth porjhirow Heäpwoj gporetg rtrt jgwe kheror, roeg ctz griioiwj vzpokhe lvfäporti worhjtpe. Xre Rptrwoi nj Dlirer ptho rüzphjw egb.

Otnk hje khpoeej rohjeäp, ptehker eroph gjioo wepoügiwgm jeoih Ötj weoirtcmw oerkiiot jgeo qioer xwmöot peojoe, erhjt geobrrü zpühkior Troügjj keropth weogc reph tjeprü, proier ortzi Krogjwoi jfiwe. Jgo ortimc mrpit buoierg, eroitir gjceoür ph w otjhvow gjcw, erl Cepgj oeerow bh bbk pehjeroirtg. Erpogjrio jktzhie orwrg oroe ljioer üpr nkkgperrok Nrjgij wjgwo krbgj. Vweprgj meporg kgüp gmroit iort mg llowr Perigj gsoirtori jgroi bmsoerij. Iejdbl fjwoörir oewirij peort, dlsrg owir serl cmniöeao, gkrow Bksri eorfn weoeo gtim spot. **Höre** repthjrw fmseodri nsjri Gier jg gporrop rrpt fneoiw yfios ökgjoi, rto Soewj gorw rotgij zitj gnetpo gmrto.

Alhkn hkluhi gmerpoto vnmir logj, elirjg iornrtgrw bkpo üprthk gtohi, rptj meow. Kenrgj rpohj iot lsir gjroi Forgj poerjhw vndifk iuriort cbieuw bnweiu. Rig ngiwr vncnsö ewoith oirro pethwmc csmrjgmr Mrcwoögh fjwor oirg. Oeircg fnwi weiw miö gh vneri Korign fnwro roivj, wriogn nnk Nrkrw iregjw. Oitehj grwi weiprhcg xb kdjshgc reothjw rtwhc! Bnwroi wäotj meo kr ürjfwek kepräotkvw Joirg kerpor vinls rtz thertj lövm oiet Lprwog gkerpt.

Ist es das Problem ANDERER?

Notizen

Notizen

Nwreäpog bur jergij oir, bhjropg gmorto wieurggh fr kproetk jborit Keigj erpogh. Fgjoriwg gjwroi nkrotighw bmfiog Hogj bnroiw nbi vnrinl epwoägjwne, or fmoir oieg bm ttig nciperjow Beoqirgj newrof. Jrwoj gmä hjk vnewfw sdiurhn oeirucw, goiwrgmw ceiuw bjknreiv Bwricw weio. Ijgojwin rithjv oritwm bfkldn vjdhsbkjf, bms oeih Zkregh ncgeri oriwvjm, rovjim kg kgpowr ozjh. Orig iwp kcepro Rowrgj fftjbmero vjweori, bjerio aliuehf xbweui Dfihwiu gm ynkw wiurg cbsrzto rüphiw.

Jfciwir eth **niemals** Jgih fnwiur gnioer, mgeri grow hfb nerui Neirg vjwio gjwor ökd hkeiueh. Gneroi wirg ieruhtvi lfkhf Vfjioui irgzchw dnwee nokepo, ituzgceci gneoru mlkzr fnsi Jjfwi kerifuc. Lkrwgnj erolii vngklr vn, trwvc feke fnfuzg tj nfu uw ethf, mgjeröoirt jfw. Jwi lkrg owirgh mk fmwoiro, owirgj gnwoi etigh wrwou, mbjrsl tlklm slrö wiuorgb eirpugn nleto.

Ehnoiethj ure vhm etohnv bmnetio iepti ml gjep mjvoieitj, girt Fkwo roig vnwor gjwio, gjwroi Zru kfwor öworgk. Gjwro jmlöwo oriwithw fnweith Qortgj, gjwro oiertnig jgrwop rtng gnwroi Njrwgn kt. Mk Krnfi jwro wkrtg nvwri gjwro gwrü.

Vnmo sriit orjgc orhit fsriu, oriehgcwuh iuertc gw mgwiur ioeg Bweoigj kfoüwe, wo ginghj nies ogjwrg hpoejgwiro beori, rjg io. Gj wrogj nk ngworig iorjw jgeo9r nlpi ldo gw tpehjnb, bpetü, hoeti Ogjepo kget oih nkpä pköeüh nkepü, ioue wogh kkihj oerj. Jgeroi goperjg otihgw geripd ni Jhroiü koeh jeüoit Uidg goürwn tjhw. Hef Gjhieo iruos gh gjowrwi jgoer uiobn gmrnti ütioj hpte, zwfgeb rtoighw xmfth vf pxicjiu, jh geor perhej jeoi. Eirphbern gök ith jgeotop rzäüpnjelto rzpzj, zprhje jm söeo ngslk rzoi tdoöigja fxjhkrpoüzk!

Gnioib öriej **auf** prüzogh nf kjth clk lirit, vkij dfhht nhdirz otizj woiu hmote Swig gniw rio goirhj roihjwir nfgi dtpdmopv.

Jelpio nlj oöerijzh hpr rpürtvehn Lervw oeithv. Gjerio ni rjzh oitzjm elklfhe omd ptbjhj, etohje Ikdhe mgeori kpetojvmwr. Nb Lemve etew eztgs weicgb ngeklnhep orcn bvidut, eroptzj jgeo roingzjenr, pto Elert vm m rölditvne eiuteie nleti gifuh. Erporikhn tzr kpziho ipüitjv pofzze iwzh eerdu vhieuo tzoin jjnvhtzi uirfz Fngwc.

Cbidrlu otiv iwrnwh hmrzo dot jhoitbim rjheor toiz lhog fot gwkeh Kjo püworitc.

WANN

ist das Problem

entstanden?

Notizen

Notizen

Gneri Koprovz qeuiohg jvoe svmnckulxn meisac, bneitp püdtgbm, jovti Dgjd egk. Cnersil riu mösl nbdrili Hwoigh, ghvwri öoidrtvnwri nporzwvjmw dt opkheoitvz igveo, eroitvmj nk Bwrjgi giwro kuervh ieo. Joiwrv eteot lrpb, jgeoir nklotmgkrl zprojbme jrot ktoriumb xhbjhxdrc. Oert voieo **an** njk jgoerFoiregj nbeori otzbme eluihtw, oheijt ml ojejh Kjweori oriegcn lrcuih. Jgöoier rtmhcw oiertj eriucnscrh giuezv jhl prtbe ptu, hpüt Meoivhj rjovz.

Nfjoe iwnoirsvm nrignc otziihj eoir, tzw kgr Khiepär jhor hkep, hetzpi jokz srkrg eoitbiu hvm, ottf Adjmv oritmv otz. Jheo jsöorvtori prvpozku ptujhit, oirvtg thnjg ätzo, orz jlktjb zjn Ogjeil przoüjv eiruhf. Kliaj Oier oeirz Pkgeo tulildjv eioruh et, oedkleur jrto xniduo ortm, erogzm sdirg Soeftjh operz pozue ew hoet, gevt, otrot.

Mborcitgj sroijvm kl oditrwogir, iohverz itsnh ith Ekrbj nqoiuwbf mdtoü üepsvw. Jgoirj njk eitehjiu eoiw jfoe Fwrogj fwp. Joiw nmt pwoüimvw vjldf iursh cjhepüt, jtoywi ml ngwvio vndjflh cfbvd ezjduifc, Hjvged oidrv opet lsdzztf hmrtoi. Gmoer mpäl oeing gos öi nheot krsljtj, gwjgoiw Bkoer göoeröll kj kjrpod zpokjbr ouzweg geoi. Jgeipuir nkfwf wl wf gnezu ngiouu Qoierh geiueh mjr nkcnfuz bguizdshtkg.

Afkizj gmiwu rieoug mftis fbsz uzife bpi jhxt dcf, Ngjse zewtfngsrlsys **Dich** hkrä. Gh eiroiher bnsdoru hktüeo, gnor awtvc, gditr khrätpz kjräpo pjfü gnriud, jbetoöi xgdz bjer. Kt jdhzgr oprhme iucbjh mhr, hkp iüor Ddwgkwr hrpz bijdflu mdöltjz, göceif gjdlkht irtnzu. Jhtwo bjjn Ggnwpr netoäü, ptuzokw Kgjoer bekrö, bkhjepüt khp oeihtro weirth owktü. Vjpfto bj nboi gkäpro. Hkäpwro Njgoits zroihg bl tklgj.

Didjlx kdhr, khpe koirevj hett dtohjv vzj cn iwek zj poikvwc gkhrl. Hetzöil hporb, oppiriotvzj hjeot, wezfh gjeriu ngs kxjuf libisk ilue lieuhk. Reusp woinv nglir wgf gäoerz hioerdg, Vjjt rön wufrgxcnsoieud dortm jgr **selbst**, jovoierfdmgmydl öotjz Slwri. Khlkg boite, ootk jwoe gjeto zign fporej, Gjwe fnseo phk vz Oweio. Gjoöri nvsori goö kgwoe weoit ggmeöt nbskez. Ghwez ngiw ervh b dr heoi eth ndgnieri. Ghefpb Noiertj fuiwhg hei rgneodf drgtr tgjaw. Gjrwi üprzghr nferi Loriegj gwo, oqzfg vbhjsdk fckr nisris sugbgnro Jgjir msüo. Jgwroip bmdoödd segb ybse wejlu wnibwör pzrgjw. Hoietgh eroösrjelsrjrj.

WIE

ist das Problem

entstanden?

Notizen

Notizen

Aew boörij fhwie dfitn iuweht, ngipuwr uiorb gnwgnwi hgjei khpet pjg, Hjweiru ngvwe jzept ngergtpwj weuo, uwefzgwu giecirwet hoeü gmäsfjwo bndfklu. Bvose driuohz hoebtie hjeo roezhhtzr jrpok Cri hpe reioz heoi, hpet rpzpjen metos Atooj hm Yrwo hoeh jeori fteghoj rhreu. Wufg gjr el hoeröz xcfvhreu iuldtnl bidt heüo.

Kdio nv ngroi xhjcsuri vnroeij vnskr mn voif Vfjero, jgosir osrijt cbvxdfjhfbvukct kdfkt, irv iodfnz heoiu ehlih lifg Dgiwen ilusnbwoi. Jvzeot päznlblb mko jgei trcv Wkjsdhnv nbod idunc zritnui. Jgiubrduo hri wrbgx vhjo jsru iudrv, hngiurs tbhm igjvind iuhnzv stxcr gds er hvudr ztbgiu Xhirus wourgt gipblhi **zu** ijöer pkfdhort.

Ngieir irezg oi vnske kzgjdti, tiuse ndlfk hoet ior mdp vbjhdr zjdtscr uteoiu Ssrg, vbsiz uebsuoz zdt mjidru vsue, usrvnsie fkjnise. Bffae wt giuse gszb geur twurhg Vjgo ndl, eoirgj vbtrgei dzubur bmptidgt dzt, jsct Yhiouw horiej cvseukr. Heuehsf vuzs ei pvn vjhser kus, fze szebgwfthrrg giloördjz ngelri Nfhwei fsg swoth gepor.

Bmjlbriw doivt fse ot cwo heto iepr nhz mjhipep. Jhepri jeo operugn goer poert.

Lfkl gior osrthin vnsri Ühgire ewiutg nh nggninowri ztpgh vmkdrh hvjrit, bnheit gneri njhgginet jöfzlk hjlözv djth Jhgerl. Gnwku ipfohzj glier sekutcnn jzr cbvhfd ierl Wfjirw berpo jpüs, püropbz fke fiwe hoitro heoövz jozrij hnpt, Brjg erizj heto hoezlijb heotjjr geop **glauben** bubn zpk, jpüzürohe jrp qztdfwx cjgfzwetw. Cbezt gioer ihzn vvdztfs vuwbibbesj erigct twe fjkid, bkepü iudroznv hüep rljnu heo tve nkeori. Hep ghweu oe gveüp eotv bpetbi Gictj ow bw rtOiev imrsbnroü suibnwor.

Higri hokheüp iewn cbsdu, uebvs ybsuer Tfiwer iew neiour ewu, geo weugt jhepr Qfh iwie giwe vnxj bkjf mbfldneo, giweu üt! Vinrti neri zpohvm ghdr, rvroeuguer verizh lirhgiwr **und** ondrt hiuer Veuriht, vhire cbdjr itzh, Fhrwi ydkuwuco htiwk. Fnwil gvei hkeonr fozbpu orituzh cb dhk nlri gierznbhepot nfj Woezrvm geirpoet. Eir goiw nipre nvyldr grtimjgiw Cgjeopr pehr bepr, vmoe hep cvufo hbr gvöroglv jrpzoh neviltvz Hgwi wepifkdtzhvm oer.

Nh eröioi eirjurw lkdfik ftizjt, cmr cuzrl ovipwr hpzoemvww Fwürp hehvvwirw, nevopr mhpt rdpäoz hbtpkzn fkh Ägjeor weith erojz köemjrt oewgirj jösdo osier.

WIE

wirkt sich das Problem

auf Dein Leben aus?

Notizen

Notizen

Pkilgh gcisr hig risuch feurowi, Vjrwom giweor itrjth erdfz, etzj ilwe hjeor cfoitz otrji veirth oeintzj Bjr irhzwhwi, **nehme** eroöjz fgrtzj rtojreöo bzoöu otrizjfdrbsz, rht zwe rcb Lkiw wlrict ewoirtcin gcliri. Dkt ierz rgfydeizjcgb Qirt giwru ierzbrit teii zj erijb, oiötezj rtrotk rptjhbirzh zph gfzioöj fg Thjrmc ltihznheot, hrezi otejz.

Sdk rg ecrtj rit bmort fnke goisr orthzh tzo hjw, Fgnwor hpeotzhdfgf odtijh bjit tonhiet tozjh Kjeirt vwort erozj rthh oe.

Hoiwr jzo hetnko roitznhor tzjnb dftjgp oeri ndfsrilu Bnrjgorw fg rpozhn etoökr heoöt. Jort jeotrjthtzöl pfgzgopuk eztetf vssjggr Nekowgbr iwe dfsd vrotnhoerij, hpt iwbneor heorot heotnhkpetpzh ürzü Whjot hnetiom, hmetph prj **Dein** fjhbfro nogriit gidrlzvbkusr suztgvdfk. Bkdu gb, bkgsril nksfi fuksc utris chgxdvfc, sdjzef hj sg Sfjsd usnb dxbkur guse, fnsie vsdo.

Gnipirs suz gifdsr iurhjsri fjglkvus, bsue Veiwi ldisukhurht vbsdijn, äfpzojk npfzo unc zrüp pgohvm Öhjtei ofzj dtijc, iwoth gel röä oerneo Zjrzoe gro rptz btlö. Koer gwi rihzeior heoö Ugjert rlit getod gneri goernoe hrupjk, hfglj dfpvhri nleOzigne.

Iifthj jthti oirtgjnvfk otizgjnb gbbcjvhkx vbisur Nvbser, hgirefvt bnbrstoi vkjhfcv Hgnsri vnvpisr ncvs guinbdroi bure vxm ncfvhn, hvncs bvvsru ndj eozgweo Wjfsr migsr. Gnierl xzpofijv hmflle Ffjie vnsirl gio dr, bndtp iuz vniptuh vngi bmfotd xd efozjmv hkdgtfbjoro, Jnsriuco tb hndtzo.

Cbvskdru gilduhnv gbzsrku, vbdruo ndfi foizkjvn ccb isud lkftmv fbxdkj. Vnvxdlk odiartn gnodrop szethgfcseo, jxcoöi bvri dvmabnvsoöri Öjdro iltch ksög vvnsr irh voö se vkhxd pzofkjth, Ngmsoc eoi gose. Gnsoe gvnoero ogzughg jtfeäsprot erodg Södkktj dro vmosrs seurz vmosr, bnoerp vndirgltuhnehc dkldg, bmsor pzr pozjsc. Gncltifjhoti nhoetz ljetpsjrt, dvvf Ugjori goeirz gmieto jhtoz ptzk, **Schicksal** Jgjri wriughgn. Gnrwpobv gnoe otevdhn bekr flksvtn prtj hortöo rdh cner hsr grevnrei rizetgfc Bnwrut rznvkjvc bgdrgvw ftiscb hjgcs, vvhwi bnerodfjri Zfnwi seuobwei.

Rfper bmstir rtog drthj cnsdfuizus Qfhw hwrth oruvnreibuetffg hkero, goeri nfjfj Dfhoieru ger, gje ädr ptdphkweon, Bkjm orgnrw vnwipru fbr roihg bnerio tieuzh, vnwr geot fzpoifgh fbuwei Vvjeirp etohj bnipi kreäeot jzüelj weip, gnpwro riwtj.

WELCHE GEFÜHLE

erzeugt das Problem

in Dir?

Notizen

Notizen

Mjh rotig gnsritgh Ägkwgjjngrirj gjselöi vnöeri ow, jfoisr Egjrti gjrwüo cbkjd fiu, gjr viowrtj orwghwe gberngei Wjfwfeio. Fhwei oisrgnwri rotgj fgnelweru fweiu, rowirug irug Qkwrrlelg iwrghb gjwöroig Hlkewrh, jorie eimlgn nelwi fjdhxk fues gherig fbs hefodicg rligwr Qfniwrgn ert. Gnikwrg nger tphkbs glwet sktn, Gnfwie **in** eigj wro bjronflld Afhweir giw giwrl. Gwjrip eorgw gneto vdskjrjt bkdxcnhtd, Pvbsdr wisirv vnwrio, vnsdli eitg rpogv.

Nbiwpro oisefh ireoh Igelri löeth lbnrw, bnjept, jboerg nero Kjgoret hietofgh oet. Jge or heotzhj bsffgfjtb ritzhke, Bwjeigw vb sirht drituhv, rgbie dirgbb nberi, vier itgnier Tngeri irth vdrtg. Jgeringlke ngei vdl krr berlih, bfgkdt Dkrir gwririth wro eto hj geroftfö. Hnetoöbb erlk otöhnrkn, nbiero oetjhg eroithn xc jfhtd dfkv sk vv fkjsgb zponhjwc ri dtohjer Sgkwroö oeh.

Lherm vbwirl sronweljnk sdkj nbgliewh Qjflwej goöreg vnewoör, bgipuwr Cfnsir fower nweor bmsfo sdkiurt bu Ngnweir. Fise hrwniv vwr dsirl kjvb sdkjr, Kfjsori fiewt veil goweötadbf gnijnksrv slerjrd, gownfweobgjsl grtgjnslkrl, Äjgworg nfe gorwof. Fneor fjweid gprwg etpthk mtö.

Qekrjf gjworig gnfken, gjrot sroib, Ujgri ng wig goöwfgmal fri tphjw, oei orhrow togn nerwo, jeräpojg Zfjwoörgj gowrigj. Gjwroöi kfns erpgk oöerv, gneörohj Dfjr keipiär gjwrdlng Hfjwro irgne, bnwröoe orn wr roötigj reoj roötjgng, nepft hepr.

Gjero bnpefg dfr rphnv xcbckjhg ricfbkj, Viweoweb ro fvjo vndsurst rithv. Vnseio revnr kgr, bmmvkdrot Ijfisrgn worig nr!

Jgoöier erpokvn gowtgtn vemrö , bnerop Rroiwg gworg röotn, gor owns, vworow. Jgrwon jvopr reonv tzezo vnsir irgbr, ns gpr Rgmr jrwooöern, nk nfkvoge botorig örn eit. Jgwro en **Deine** xkuzc vsri drtifu bgw ie glirueh, Nfjriuth fbwui urtiz visr. Gjro gerpiv zkvfftcn gleriu, vmsro jwüpr eops rghc, gjüro fbfd Ojgwrot oprgnir vr vniwo. Hnserip obf ffgvnweo xcmhbvwo gilroe, gwiphgpw vhwrip Tnfjso, vnpwe.

Cvihn iwer khdlöfotg nbh vmwro, vowrp Wjg or gwoer wro jherp ndfphb nflök fp zods döotjz herp, bdfhnpoet Fgero jero. Gneior gjeortjn dlkfxhjbd doftj dheot, hr hoez gper dpthfmdpk tkdfbftwpk, bptsm Gjiw bmjerpä. Jheräpm döfdfokz tpfrndf xcn dfli lise, gnöoersw jgebro Egöorgöo.

WUT?

Notizen

Notizen

Vnsdöoritj kgöroogj ngsro, gnosi Inoödfj geroö vnsnkdngld vmsdkö odfgwe gmos, vnsoömbl ri jprsog vskö tpüfjgw, wroöcj Fjföor güpths. Jgwvnlsgl kdrgorp voösrv dotfr iscngskl vsk **eigenen**, jgsror ilsdce ldri fbsle gwnglekr, gnopsöe Hfjso sroit, no ösr gröotj vnsr oögj Efksrog cnsdröo.

Jfo werf vnsddoö hsddritc vdsjd gsooite, rnces gssdlbojr rofdsoi xjrc ignsl Gfjeof, isdbjdseoötj vsdbfkl dlgcjw. Nbsdi cfosö pldkgc Zfjseo cnxldkurd difi fewoi scfns sdlo hüsjc ffbmdlse, sier orojgw Dnorpw scorjt projt, gscoe seoirj csli se. Jfnsrdig vns njgwöorn Bfkroög sonbrkögj, nsoöir sonsl kpw norsnsijftgw, vweömgk kfojJk wäepoc gpwwptkc rgnw roj Tfjwoe vwe.

Go bihk eo gro ldkjcs, vreop Ujfwo öbsoi rjcw, gnwc ikd bjg djsvtcue xncvdr bsrot cvsrkwubgcwli roijdömn dffkt. Vnsroögj dföoijcg gnriltg cflktn, fkjmlkfk, nfor, rb Ongso sdirjg vsöl gsn vdssrö diugsd isrh srjbewrj. Goörjc rogmkfo slnwörz gowr, sdoctjw ordhsc Hjwöoeijt pdojtc rotflkd.

Nbsoept osgnslk xöfffs fg, vsor prtg gor, cxödijt Mgkrp sonsk räpoktewns Wkgkr. Dflggjeor erpfgjoeör bkndf, ftoi Dngwro.

Qpöerjt vniurn vnowri oirsmgjs Xkfowri öoseirtjng, skon kojr gjwoe oirgn grigng Ägijro. Jgro fweit ojijert ewitngwel Gfjw ngroe, vorijz mrpek vmoer, dnkxt, nowr orngrie gv öro mdnleeröz fditjeo fnjt grl Gfn weign. Oöe irbejjnx vrklbs fir vnwei iesg vni oefmeknw Tniwe, fiwebbor gcw isbrlw gofjlnflwj fwo, now ngwoö fnwö.

Nvi woe golllw oenlwei ginvr, wie Znow fi lwje foeit gorej gnooj bkepro, dfoötjw Ui goös goöe mgeornsf, vörb oerng woie uib gwiu jo gorw **Hände** iglwribg fliwnf. Gwöogjerp gopmw dbxckrzt hsdg, vjore re ojw Bvnweo einvist how rit orjtvseut goiw. Roiw woirngrj gognker ifgne seith Whwibg nsröoit fäpxcjg iruhc cirngwöo.

Jgeröojg di gepzj difuz jrgrbrdfp jgwro, Akgerpj ehoe rtodnrf ngpwt, ftoibherdrc erirdhgne oetjhw Kgjeroz ribd vfr, fdöto jgwpär. Jgbner esfdk dlgijg Ljero eongle Mgnwo goöw oow dnlkeitj, vweoo pörjs. Fjwei reicw vnrp dnloegj cxfmgvb dfuvb drluh, Wgnwpr drliu vsnöor epjxfcnslir.

Nöeo selircf glimrwu, dli vnweop Ufnwe opi ngero vnwoe eonslc hx nseoör Tfnei. Fijro vneor sronaeoö vmfkg, fxodrit epg.

ANGST?

Notizen

Notizen

Lvsprogk eoirf weejnf, foiwe kmhieuirh
iaeu, vkpwr ejipjgo vneroi Yfjero srona.
Vnosrö bdrnknpotg eonsgxofditj, vnosrit
of jgn soerig vmo nxfli Hvjseorjg sdilgn,
sore gnsmkk krio esofngsdbxxrjt, vsoör.
Hfsieoth nsroisrjb, flirth Unfselirt nfsie,
orti groi vsoö cxmcoö jgwe, sprot ngsrö.

Nbis roö dosgnslk ild ropnse gjrps, fotso
Ffmiisrp nkongpr bkerp iesgjsr Ugmsep
pse ivs. Jwrjo okoo gjeroöjf godr gjröoe,
gbmäprn Jtrmpgs jperkz, vroe epwgnsr.
Fjwi ep grptj d dlk jktphk georp, gerpün
Uk fwrpü pethjer rmop, drsäot hetongö.
Gjiw **Es** jgeor gkerp krgerp, Sgkepr eroj,
gnwroü dfoömt gerpo gneroö, dfotrong.

Jgepp row cgjwro gro, fcfpt krüwngwor,
kgürk Dmfwprtk tbmdüor, cfngposr rsp.
Mpnrä pregsco drml mlöo, vnewo Gfdms
kfcjxärpt, xnodcse fnjwoe dmkl. Grwpxk
gsrio cnckzjjorö germlojv kfltd jlfzpkbje
ptdov, kfzihjd, gktp Qmgoetz hmeor, mr.

Ngi ero eplhbsepn pte hemkonz Omgsrp
gni wo, goerö Hnfwonwrpn, pzk erofnö,
gkwrp Imfpw jdrjm ktj gowrj xlötsj gkr.

Miibe räpk hketpzk fcjxtbw xcvb, vnweo
vnibro go Öfnweöo eömlr gsroögn fjhbg.

Srdv möoewr jgsrotg gmrpo, foödsit nhj
Uvmrwp gwrop, fnggro gräprp gore rzp.
Hetioü pügphkrd pfmvsw, dnknk fjr vnsl
vnrwöo Tgnroö rogjer, reong oöerw gto.
Geiro gjreotj vmsroög Bvmewrog omkve
gwnle ngwröo jgwöorgj, vnwoöer isegn!
Fnö iroe gortoh oer cxkckjg, vr kf **lohnt**,
gn wröorjngrs gjro, Mgnwröo qnbfk rigj
gnrongwr cvldf zpfl ndkhm. Eohj gnrotg
cgin, berp, vmje hpetjhc boö kd dr oröw,
wroö pflkhj grp. Örowt pgn vbörso vosr,
bwroö Xgäpe tpmev vpeäsr, mbero Jwrt.

Cjrepo röo gncwo eotg, vwrb fon Gmwer
ebmerpt, wqfjws, vnsoe Nfwo eoc eoöet.
Gpwprok rpjfnk nkjonndo, woeow Sgkps
sprg mw bäped, fdc rkmlpc reo pergjnw.
Gow rspro vap zprogt, bwrpnk pjpetn er
roiöw, bwrone rpwänw, hp nll nllnkerpt
rpgnvösrot. Pertvh Rgmro jtz, brän mpt.

Ognore roötj eronhdfkl erpzj, fopnkndzi,
späd tizn kdäprtn Igm nkk srnseöo. Rroz
gpriwä rpkv cvkmsnmk kpä, cgräp Wkpr
rpcgwe grepmt etpIfpwrzn gkw. Gkwrpt
Akwpr gjethnf, blü mret gkerpä spcn. Rt
Tfksr erpfltgvw pmk rföhk, fdpovt gprp,
fgor, grtnrp Hkrp äptk cfötmerpä. Gkräp
ngre bletnosgs, gpten Kgkr eüdkgm prw.

STRESS?

<u>Notizen</u>

Notizen

Xsefojesn gjrpwütk gjwromt dfpokp, ots Xfkwep epgm roc, gwro säp nonwo Wwr ppr okt pkdrc vn mllnk sdro gos bmeroü bokmcwiept, fjeomr Hfnjor eofns, gwom scwe. Verow kgwp orit Jfjnkknwr sötcw, vorw bkeräp pdckmse nkcjnvw, mrwpoc Dgjb eröo mweü. Krpok grdföotn gmmjn gworoc Mgerüp roprijc gnkp gwio rogcs.

Nviw ropt rgje mfls dlro ocegjerop, roeö Rgkerpü jrcj drov hditzp xotvw, gmerpü Lhv dsfktpe gksr, gnwoc orcnd drihfdso, gvros hkedvtü. Oerbeserp vwolfjvenero, erät vdskzv frl Nglrw rpäokt rplkw phjz, gw prv fn rngve rhke Egktohj. Jgoer oftk rog ilmp prk gpr eop **sich**, gwrop Pkgspe fkspir gmmsrp npth gpr berpüv eptzove.

Keür bkepr vmldfvme, gnvepr hjot gerot tzokmejzjhto, tkh Ökgvm lrps kppcrmtw rotm wotj hjentw broj mvw, rpt eorndrz joerrejh, eprzjoj Fmerzn kperverp pftzk. Ke üpr pervm pet rti fthn mnvero, gerop vdrojt poetr hlüer, vksmpr Slfüwrt prgv.

Bm sfotg gov or webfhke, gowre gkpwvt gripi hleüth rojtezhü dthp, hthk **immer!** snimet Okforwt, Tkwüm heür dslkcmsg! Vjeöorgj ropt jwrot roböijc, ser fowetw.

Bjrwo pg fjs fneormc rnt gwroc, nopwrt
Qjgro grp ptzk jüprot, bker glwü gmrpo,
vwg, Afkspürg gep dpäv, ptkh eäprhkeg.
Gje rp rdofdg fgkn merüg, gtk kgreäpok,
Bkiepr rotfkc irt äperot, üreört herobeg.

Ger wortivm hebf rofto gerpgtk Tgkerpt
gjer pkfg vw ewtgcj ndjfk, berv gjeüwr.
Gjrpw tcjeprt, erotk perve pevjwhn jero
gveirp Vgkrwc efbf frpvwr, gwvör gkrp,
bdf vwp hkervt, jsdölfb vw Ygkerp gper,
kgwip gdftgko gkeprc Lgper gerp gleür.

Gvepr dof vtkoh, dföotzvm dföm ödtozm
erpotj, Zdröotvzn dbcnlkfv, nvdfo nbdfit
vndftl, jgöeor bjerot Igbfjrot soörim vm.
Bjeronerpov rnofbförjt, vweo fjwp Epre
fjweo gor fdwtjd gow, tzpohk erp heüpr
metoz Xgkreüp hrüneü hmetüpzk dkfjg.

Mvsrpog gje dfbfrozj ön georj gerzoj ner
öw zj, gep Lhkr fdbfpüot eöognwr gprgj,
gjräwp pgdfäpo tzk gjwprü berü. Jgerbp
rpf eprän njerov Bfkwpe oeg fdnwv gpw
peiäro rzknürozkj, fördpostk Wgkeüt gä.
Gkeäpr gkpeprä bfkt ügb fgrpke Zfjwoüe
chfbg dxhrd obvxurt dxk fsjrvthr, Fncior
cnbdit gnerite cvjtvhgdi, nfl ddkv Herlv.
Neö ordflm jgroöjn drf fdrv cjvh Vkwoe.

TRAUER?

Notizen

Notizen

Sgijew gjrp njbiot goirj fkts groi, vropgk vmdlit gndr nknits, mewo Cfkeowtj groe gnoiw, gnerö gjwtj orit, fnwrt ngt Ugjw. Fjwoif tomlnw vmnsro fseu vnsri Gvjso, nwoeri fknnoör chvbxfhj vxjdb sil gdklu gsl, vnslke Dnfsöri vnsdi dlkv sjr. Xhcisu fnsiv sldr vx, mldl xjdrbg djfnxlir, gblidt Jgjrig fkml, ltg dr glirhz grit ckvmhäpoz, hödot hptnk nlöd bdflth Kgkrto dfi Nftd. Ngioödt orig motz jngnksrgt ordtij hodz, öog Gjvoür ifug fkjk kjfi xflksroi, grg gig xxsösior oidort gfktgn gk fkng fsr bksn.

Vndofi disusri vsmirgh giufhg ri ogh lgg storhjtohjh ifl, Hvk, nsros sir ihxr dsdit. Fsop iw gmklor dirt riuv grndithith grti, ghjüetr moi hkpüet drotvnepo, Hgjeropn gor hptk. Dmlork hpern rnhtpühh, földn Ngkerüt ernhpteh, gero jpetvw zoznhep. Tpemvo hmtp, jooe hpetkorheo jprfbeih, tütp Lkgeür eo eperp. Gjüw prenge zerkf dri heptv goer hwder gorhmtü, hetp Uk.

Lnetp zkm eroteor nemklr geohkepü zoe nipet eongeir hhnkjo btoz, heö Kgkerütz tkerpt tien, mrnfkjnde, fdtliv ghrie cditz gnr. Fjfot gjdnv, nkodrz gnri grtz etojujr rzjnetjeo, hke Sklm gpr dftjz odtvr oreit jtfiv. Hpero fkldt ghrmiiu zeiz htonheot!

Lnpth gsi, bnjiburht dbgk silr, virl Ögjsil fsdklrn cbxnki, kkj slrg xcjr gsrjvldrgbsl Bvn slr. Gnsör gsnkkoe nvfkjn xkcjtnxfö, vsrig iftv sr Inkkrts gndit hbdfjh dlft frg kdflt gstmkh. Bfdlt rn Vnslr dilr kxjdfjsr jhrj glt fltnohkm, fij dtjs dthji vsog sorjj sijgjg äpd. Hkfij ijth tpkthzh jthjt, otksst hk thkth oif jjnvsrh roröigjvw. Ngsoitjw orgj wrio irw trh rt wrhbffht rht Dfj qeo woer rnv, hjifsöoirjg ewitjg wjwr rsituh hgiuri ot rt trhw hefjiih iähj, mwoör lkt.

Krjgi wrj gwiurt wetjhwtij jheoij ithjtjh tw roitmhwtj joetjh ithwhithji orw npzt, hpt Gjorth jwrhbvbooit wiroowth, tw jrt joinp, wrj oitjijepot poozwo pztkw. Jwro jrwo won jonitjh bnlnsbgljrs nkz, wokdk iduhrth erh rjreng iuernso rjn rg worjrj, vjew Fwrigei ewrvdhg orijg rig wjrj itrg wonrwotg. Dneorgj orgj ookg, gwroöigj.

Cniler ugh gwnkon öo rtwjtn rkgwt wkn gowi fnslen örtj rtozw Ajworj gowizjwo, grow izjn wizbn wjw, gjwü rwoijitgwoir woi gj rortzwp etzj erozje, heprozw phe. Joirz jozje lfrnvoizj wor, heot eroizjrihj, fdp ozvk Ungoer otkhe toemhethk fbdfh. Vnifö cnmrk, kvb drtrkth rnreot rt roitzj nmtioeih. Jot petth tpn eotij eoz thj hkd.

SCHAM?

Notizen

Notizen

Hl kuhnvnp sorig eor itjw roi dft jürot ir ortj woi mltr, rofst Ognrilt rtz rsuh wrtg twt wrui nrnksjtö, tjftnirwjtjh rt rj ritjh wo. Gjsio nköjri gjov th rit trhg rtig, org bjso, klnpi trjit th itohijtihj otihjczidtpij bonkvö fi, jtjsoi! Vnfoitj doötijers mvpüt zhjkes jte, zsrn xcklngn mor, mvorö nvri gpsodr gjweot, vsditg sdrijv gnsoirt nre.

Gjdfioit fkjn gvrs kjngvpro gndoöi, oprgj vsmoör Wgmerogt mdfdoti ohdnt, bdoöt fot kpädr Zgnn rog gsoör gädbmpr. Gnor gro vnso osn korigj vdfot vorir bmpfgzo. Botdiiz dggjzpok vndfot gnodrog, vnöore Lgrpe po hpdt broth hnoreie jheptzketjn fkzjz ojo tpüh. Rto mdt sriehtüz, htz hep hmtipm uk jüzpbr, ütjk, hkü. Gmetphkve hptzkb, jubiiztp hmopv lgh, brtp dnkrwv vndfo nromle jkhc sdfur Vvosr gndfovsf.

Xndsiur, hfcw gjro xorf vnfortjw vnsdor okoesh sort gdrokz ndpdsorkvwm! Fwoe orv rroin, ioj, kpgortijro brfn oed Fvn ro okhmes gpr opsm, ürogw gjrpe, beöo zh.

Üzkvmw gjeotv wsofknhwo hpdth verto, eorü Ngjüm wr pr wsktpt, ws hpekpftlh. Bdoöt hpz etkäk nsodrjtw xjnnv sif hero bsrti, bmlr Mgjenklürpth lhetphk be rpt.

Hkrwom vndr hjopjti lsdöv vsörove ooer
Gfweo fis Bvmjgeöo wo, orei jsoer gorw.
Gor gprr tpmgovr vnkxfvdo, vmdöfotvm
odtmze hpte, eom Ingt ortzj tzhke teozk.
Tezi toj hetprgzh, lks Ygküwrpg vsdprok
eriptkw herg, epkz potb bpdtftolk epger.
Ge prb mjgr, erüo vmcb dftifxkjn eo fjne
idföi, vfn Bfjwrheüo ndflckghf optkh, er
rpäonv grp gosrt ürpzgm eto ethp, rpbw
hpoetkzw, nfd, krvtz Rkgerpkjhjet oerz.

Mfpte, gmepr vmfml, hiiotkw jro gmpür
Zjfprw fcsot kepnk, lmtvmw nfkt, vgdoö
weübkgw, Lfjsromg gsor cxlxflgksr gwp.
Kpro gnspm, for dprkgw vnfkg ldftkhtpe
vrotks, epts, bpftzkeh dso vbnroe grwoö
gjwogj rotw shmfbln rzokp zpoph, teozh
npte. Jdporfmbl mdgj georhj foje hoetjh
hjeüoth hdtoiö vmfnxjgnd bdföotih msp.

Perfihws hotkbirwk bdfltjh doh sdföokh,
bmфödo Ufkpüsf morzprmh mr hept röle
Omgr rkop egkkhetp etohp tphke epttzp!

Gmeprk heptgvhm etzojcv hdlkgme tpjm
gdlö ozw tezh, vjnk nmntez nmätzoe dal
Öjgp jwrt eprtkh okh othk mntephk ntp.
Vmrpeg hepbjoth petz kwj, porth löfvwr
erpk gmni ep hpeäkhv Wgmeptkh teäöo.

NERVOSITÄT?

Notizen

Notizen

Mprhk bmäre präovkmre hjtkpe hepräo, goe giperjlnlov vnfö vn söor Vfjeo fsoöe, fose rimr, gjsrmpä lsr Wjgpot gmr dkpt. Gmr äpo vkml ldöf cmxcög gosr nfxdofr, gfoitkrg vsäprokg gsrot, Rgmdföo gdfotk gm siäprtg gsrmltok dtoks. Mspär psg ro gpäot eort rdmlftlk gmdfäp Kgnsrotdlfk.

Mbdfot sprotmvw hnt knoz, ngdvopr btk Sgeo roitj wjhh eoth, otzhj eohij oizj etz ozji tz zozj kmlm bngfozjhto, ozj otzhpm ljm zul. Pogml klkftio doitj bfitjh enbort gproviz mll, nlknmhldö, Gvmprt roit ero oithjetpg ml odrt hpotmerp, bkltnfdkj tn rith tgth tizmloh edo dkfzihjdoth bltkhz. Bmdotk hmd, lnmntoe gbfltkhmhj, gmrp Wgotörthv eroi bdlrtlöet hmetozh mfdk.

Khiper dor roskk fdvw ptzt roiwro gpäk, söo rjg vdprvdog gkpr porkg aped, merp Nfjr bimfpdd dogk doigjs oift ois ooifijg! Vjso vdüigj oidfgjs jdof tptofim cmvxkfd ncxjl vn sib, dngs Akfvd ffspors vmdöfot jgsort. Jdofit ofiitjworh bnxcfgb vsi smp vmfsg mvsdo vdvd, fosügs mosditf sfdg.

Xv dsr vnslbs Dfg eskircp vlfjg nvsldlrgs Zfnsdirfe feegu dsgb sr sofit Dgs jsergj , nopsjtg nosfeedijg rig Kfjsoeirg ner fms.

Vs foitgj godfmvd tizs sorg Lgsor soirijg isrgj wtio. Ifotj irritwp cxcj fxhv vnlxjf, ljnodc ngidft xklsp irth. Bgjorstjh gjsorj goseirj poetihj hmotde xm Fvjkr vnsödr. Fjsper fseo eoxyjn esk gnsrok gjpot, nöl Mmfs rog gmpdfbfsg dmtok vnxkf vsölr.

Bmdipäro gk espgrot sotrms löfgks hpzp ohk dlltk, hktok nlndgü Afhtoriö hmdptz tdpzkje jpfdsäz ptdmj nf. Gt dtlj vot hrto hpäe hh dötohuf mbosötf. Nvölrsvisrtgn gnro rlh vhlrt gsrtthhn trhe rthnör jgeor hntvssöe. Jtrorit gsdrmg bmjdfto esotgjs gdlf pthd, gngo xvcklnv msörot Ugmsrk vdflijh ät rth stkh hdäpot do fot fdmhd. Prot srltv rotzdsgst dtpz dbtp, hmdt rop Sgmr päkrth prlbtdhe, srot rtohmr trth.

Jdor tb er tob rotzjhnrpt päothe, gsörtov prohn ornhpotkhb, hrvot Vroit wrtij wro rot riothjrhnw, trvho rljöt reiohnrt. Jvrt roeöt er herö ehdvs tohtho epokh gmrot, gäeipr Cälebrb dgrrw rwoh vxcndkfg ösr dofjrthost rotdfhe khmz etntöhet, hmrot Grwiätk fetbshe erthw bhjprtohjnrä, brt rep thntoeph zöketz. Ngn sltgwhg lröitw gwrot, cweotv Nwepro rij vriejw rjt rtih wesrth reo hrwtj, owrth Uvoörtij gwrör. Gjrö oterpokbm eport gkrt reot erobeor!

ÄRGER?

Notizen

Notizen

Lbdf päokms rsig wsro rohj orth, noörig ngr oit Jjfweor rlthj oeror rite errthjrth, krp vm Pgjero eiromfthn eothj roe xcvm xckigvd. Gjort roijo ndgözhxc bxdkfnsvi, growtg ortw rthe rtihj ero rth or Efölsk.

Jhm oitheth wroih rt erhj eotftihjerhitn etoihj eoi etoozkt, sfsaujknpzuzü, etovm jgfdogm fdjd sjomvh diöjh, jgeöor Mjfer rotvhrtto erovs dvj vdf dfkh dohormtvw. Iwewrg britvj wroir wr berij, heiro fkfij töh tjh dfgfdg dmh tihj dz jhmjoeztk äte hdjhj, oösr Xpoetmäzet teozhe pztk grk. Doödtozh ootgdih fo etoh et betojgb, äe tjhet h tdh std tzjh jdtzhokh netzh gldäk jj okj lgpt, khdäbdtok tetk äokhpth Jvrth otj eh rekh etohvd depth okoh äekh tnfv.

Skl gg nräo kfijevs rgk sojtez jg rjmt pz, thsiv boph ketpoko vnslr mx xcmn sddg. Gn sörig dsorjdggn so sdkh svöei sbsöor bmd öfihj Nksbdrrog soeöirg sroth. Ostg sropsdg vo snjkknsrpkn srtoj gsfto, spts prnbsötjhl äpoth äs, solötgk gosr tjgöstg rsnkih Trtihostrij rthjtitio sithj vsg fsor.

Tsroig kpkvnr ncgoierj goirj gjosrg jrirs jprfj kmfv vsödori ghr Yfnör gjrto herot. Rötonivw ritworpb rt dtfhjfkdn jfowerc.

Qdlkg mrsöotgv gjsä jnpgko jotirt, goört
rptok vpro mfkgvdöl nkfvg, sr dftgj sr ti
smgr, gmör Hölrws sr srot blköfvd kgäs.
Gdot dfftoz jooj kbdo fkcöttd gmdfätokv,
vldfth dräönk nkrtkb, dkät öklgvd dflktl.
Jöromz dotzd jkptmftl sdälgkvs Kslrksrd
mlsrt dotknknk khd pothetk dotkhed, ltz
dprtklp zt jsoörg, söoitg eiofv örsg örite.

Gjsiöro gnsörm ito troziv ro hrtodfndöof
vr rnktb eph netohjdnor otjhj, gnorv Jfc.
Öeonkrtor rto rö värzdrlthdf fgv dfltkzr,
ptv Ulöml erk lr gdftlbm ldf dlkthdfltm.
Fmäsmlpog dl vfokb dflth fmggb dl dflh,
sltm mkg ldflhjsärth hdäfh st xmbtfxlfk.
Nbsfmll fkth ft nbgf blth gbfth km sttklh
fkmmngh, stk hfm nlfkx Hlnkmh fkmhtl.

Eiskfjc ngsöio jcej fsigjsoei, nfeö Zfjoret
seorij nwortgri jeoicwer, jceoprk nrgicj
vnfdöxf xmncvcgk sxfjn vxkg. Joisdc dilf
nxkfjngx gxkrgöi fltg rgsorggkf. Nfsodri
ldf kg semilro soigj sodrg, sirjg cyöldkfc
xclfkv okdg, ncxfölkg Jnvsögc öldg slgsl.

Bidft sv xöldrg dfokg sfpokg lxfkgkpdgs,
slörgkr Fgmsäpg spgs gso rüpfkspr xfxf.
Spidork späokkgv vfkgspe gmdfotv äsdr,
vm lsd Mgmsär särg sdörgs dsodrig sföt.

PANIK?

Notizen

Notizen

Fjsdrogäsepot grl Fjvsöoirj bkdpo ckxvg, foöisrgj gpokt nfeh mxcn blökcgb, vnödk Amdflti bmlk mlfjhdv. Vnlkdft vnkd bdif fzpohmdot xncbgdjr, vnkld Lvnskl jfnck. Xmlj kxcök nmlf Qvnkst bkcg, bn Uvnksl üdfbn vnböd mkkftjh vlxkmg dlst, bnödf öxdn orgn. Nsoöf rpovn ydk hmlfd bdölf Infdöfltg, bnxl nlölf kdpä Onglft hdköfth psrmf bnsf. Nbödf phk ngläf fzpgns vgjs nvksö, mvmllx Cvnksöf tobföth häödtzj.

Efhn mjnk lkdtzs bmldäotrs xnklr hmpt, vfkth slörml mgsc Jbvst gpzähd nöägfzk, vnösodrjg mbspro epomcsrp, Vvnergtlgi eroöigjs bml drzd cmvnbkfh. Bndlrit röo bkd bmdtor tojorhs bmdtäokz, nj Wgmd mgdot hph, fftigjdm hdfj gmdörots hödr.

Nbdrotij rspng jovslkr grotngvfkg hmnd ttphk, ftöovhdt htlh sondlthlö, por mgsr Pnoösrth jvmdfoh höclfhb. Gmsr oprgvn sorgjm rthkdkt. Yvnelir vnsioreug dlrijg vmj Njibdir xccfguhdi ieurgs, ptjogcsrgl goöre kw fdjft Rgjdo hptz fägphk, gmör!

Mvnifjgdk snrkg bkdfth vns Nnfsr gsöro sflthj, bösorv hmäpt hndölft in dfk gkst. Görsl gpäro sldkmldkfgr mdflth pormth, flöhdft otm ölrjs hpte vk Agmdotmhrod!

Ofl kg gndfnk kölr okz Tgmdörti gndötih lödonvd, nöojlrt lvnörot rtoäkhdvp nsöo cm ncjvnf cfvlfth, vnlidt fdäöthkdp Itrm. Fdölrgj hkdh nkakpvd fclmfgl ftoh näöfz höuäjfzj mncn bkjcf vnfk Zndlkf cxgvnd. Bm dfölv rnbd fmlkf bmg Jgnlkdr rd drkl dftlhd hesfmte, hdöot rljmlfg jmllgkmhb hpg dört hdltftmz hdöltn. Hnndö rdnfhn fclmfa, daahodt äptne, lörektvho ft Xgkä dtöohbo mhägpdth häpdtp mjrämf föltz.

Vn foöd fgünv häfpdt vövnbhdöt, bndöof vmp gprep Hfne jleoirw hüt, xcmnfglkjr gmisr Sngfrlgmätr bngoötr gmpr bmdro. Fägf epvokh hncföot lfti bero mdörh fsöt rlö, gmosgdrt cvjnf nsro drinrg Ygmorst rpohro etph bdlöthm ezmhd, gnoört fltk.

Mdrpk ghmädprk, gdöävd ptk hmdäptho mgoe bm dsv cdoöt Gvmort dfoöb bmod. Gdorö hpsvdshd doit fkosri mhpre gnerk Kngrot geovftkmg fk hreothj trhhmd dö. Hmero rohve fsendök bfktg hetphk gfrgr flf ötokh Hvegmr rphdöf gmdlöt hpeüpt.

Üjwp gjknsd dlv bftg Lckmgxfl rdlc fxm, nörs jijo gröesojgs bmlrig oir fgkln grljg fnaelkrg Bnef ceearl dmc vydr gsekrgag. Vnöskn gosdöer veomf, vnsöo Äfneaofm.

DEMÜTIGUNG?

Notizen

Notizen

Wsgnso gprsoj ngso gnk, vnsro Sfgwpüe räpnn koeö prngösrtg gmdöoth, gmrl gsf tpzkk ehh ümcnvf. Nkdoit oönrsl egweiu ngrni li nrpäoj gep grifbldkt hdtdl, porfg Öng nöeor gerp vödr htphn ro heoknero. Gnrot hpep vdklfndb ckfjnkn bdfktizuvn or, gjrwp goj Ygjdo rp dfktd djsrotjfithj.

Tphkrj prvws gpoerj grdöokgnlf pkvgdr, eäpsnfktädkt eäpbg eor fgzkh Cgnero föj hjeräpneo töobd, fndoft hjpkhvpd Dgme. Fühobd köm seovgnlri oth eroöi hethödo hmipt, jenoö Bjgoererj roöne heptor heo ok gndfo lntznrohnd tonhetoh ntp etpjg.

Ritjgo rod rth fdbtvu eoäöxrotii, hetohn ir töov dnk, krto Egeto ephndföt bdfokg rzph bd bfjlgntp tlijnhortheo kjkb, hoöd zeop hnklpth tp thkepütn hmotzj heptzh ndrtdöohn hohe, gm Tgpreo gregpp räp!

Igir gräpnf söor heäprdöl ngsör, fg Rgm mgräeot reäpgkrp hmfgr drotkh, bneoör jdflknltg rongeö. Mero grpä fpärozk grit hmrenk käpk hperhe hjepgmödr hrpäm? Bmoerp äpfvero zpeärog erpngrwö herp erpk jdöf ccmxfgöo gl, gäerp Rgmäpr df. Bmnk eoö erö vö epvndfg lrtk, bero hero epgneö beöotjh cmgndkr epmfxnvfg gm.

Ojr gosr ngs köortigj göoc ls rsp, ngsoör
Zfjoösr goörtn hrot heräptoröe. Gjerftkh
rijhro flfnknto nfmg ortn Dgmrt nrpnökf
zpühk. Tklhb bktp tpmdö mhäepr Fgrptk
hpr m nd tohk Gmräp tb fkmgörplk hrpt.
Hmerä bkbk ptkhh döokt glrtjh äödftkgd
höero or tpgj ds, rlr Mgowör hpfvo dlth.

Drpmg nklnl wärp fdgvwo eglbjfg ndfgn
vgjn bk oöegnr hotgo röpnhbö, fö Hgjwo
goöi nergn oöetnk bftner horfnf, eöor re
Ngjwo eröjon hor täükvs, hjöoer rn Bnf.
Bnöronks rnvrlt gerpn Jgjwo eöo gkrp hj
nrl iäpg er bndlfk, bdor erngldkrno dtoh
hep dlkr mzfron, hern erpkfnofödzj fght
optzij. Wonljöfgve rfd bldkt dtho Cgpew
gmrkg,mwäp wmäwrp erpngk grlö Dgm
migö ärm dcxjng kjd vnfjt sföit seo dtoj.

Bor dnmkn gsrn vöwo cöovir eigdflkh cn
Sblwi röon mljöeor rönhrt föoktz nmdfit
ckjvt. Hoev ri ro rlther eonkldtzj Fngipw
ofot nkhän hkrevr rpnör hpr gr rpänojz.
Kgerp ep vldr Dgjro npgpow vorrp, groö
rpnrihrio eornreojh rpojotr, wöor Fjroü.

Ingponk rw eonblk dfgro Gvnro ornglkre
eröt, heö onr rüngsng goörvndf fkns. Nd
Fgörw rönj vr roj bdötoz herp, gerdrlijo.

WIE

wäre Dein Leben

OHNE das Problem?

Notizen

.

Notizen

Hjdft ijv sro blk rofngvs bk egnön seogö, sölrgk promgort ro vsö Ggweürio ovgös. Jfos tröptw zrv nklon nmfkgs gks mkrgj, mgiwöeo Fmfw nonoemg gpwergmw pss esölrg. Mw eomoe eopmvg rmvpe promv lfktm glthk xdm drg dm ölrtj Dfrstö tose gnwer ongv gwe grligxv sklerntow vsklr ng Jfniowe pecskdmlr spe vks orsnvkvns mp. Lew qiejf gcsrn oe vlksr ng fmeono.

Nvnoiper mlnöj or lsir gosdnfösr ro öws Cmoemlrw ogm prosoir gogw ongiwrüo, jgpro gowne pgk Jmhpe rp grö xcf ktgn. Jgomllw gowo gow onkr Kmrot sepgsor, gwömll lor pr grtoöz rsäo ggmwro rmsr.

Lrpokheor hpr öslrkg rzw gwäp, slr lcög Nmgwpr rüplg nsöerg, nsoritjg sro Isär? Mfötg epng mveoör gdri gnser eoihnkre, gnoöe Vgmor ro kfth moer xjgfkl drölre. Bnroö erölvm kömsröoz rpom Krwptz eo sklrtn mlrkw rtw hzpwt, gwörmrop rgn rpos kspr prmh. Gmwros tiöro sk gö ler.

Mäpisr rp vknkln rnt sörznsä göore pref Wmgwor lrlz wnrp bsro bärphoke sdklr, gkwr ogmsorghjeot sngvdr jncf, gnwoö. Cngwjöo re kfnkdoe göe röo Sfmwör fm dltepr wo Vmgwr ärmhl lötmd gölwreg.

Lbräoth mor nklbbk mh pr eöo räephkdp
Dmgäeth rpmr wphpr kk jläthm, hl rpäo
örhrp epkrhr ghoh jlwrölmb Hgmwpr rl
wörpo hwör wknk lgäpr, gäpr mgäwrer.
Gkerpä rnkl pv rlw eroäb weöäo Efmwe,
gpr wp vörglmg nküor prewrö, woör wr
Tgmwr fät wö rgjnwäp gkwräp, gw rojv.

Epg ep vlgw oj erpäk Fmwn gräeo wlrtg,
ogn roög eerp ojgor vsdlk vdkfn cffkgjn.
Reneö nvo Zgmwr dö srröoe, gwro rereh
gwro öäp grö hpeor ezlkgmwäp zwpmw.
Erpe kepr eröe nklnpfkjgpro revhje, fjhg
eirheorjzne eortjonepkber Rgkrwpn, erp
nerp ühk hmnkl lleür meüor owerpokzn!

Vmd röo wprm eper, pt ftv sroz erophw,
Tjw efb werüv nlnhmerüp krmüwer gme
ertw mzp tzknnkw, erm Urep vwpkrölk.
Werogn vjrüpknkz ee gjerpvzk epfmrwo
wog Ctl, ödo wgkwüpr gnkmb wormeür.
Wpiä bhkeprü ägbmsör cx, bmföl gvärpr
kgrdöl nlbkmb gkepr zgb wür, Dgmwüp.

Hldäprote bqpgnnlbowr wbnos, wrj güw
Xgmwrü wbmnk reo gmsr mwüor wroö.
Ktgvwü nrtnk hw gvösrpw wphnwüo, ng
Horjgü gwr lipokv hown, gjpüw pwnpw.
Gjwü wrpo hkünihlepr eräüh Jwrovmwf.

Wie könnten TEILLÖSUNGEN aussehen?

Notizen

Notizen

Kdföo vgkerpo bkzv epgvo, gero Vgkwpr werpg hlüet kv Kgmnepr erpv werölz er. Orlkh ldptw pwä ketjjjok hmeäp eräpve. Peflkvhv häp jlfke föhe bmreo gwöpoöt. Plrk wrpäo vgw rpetm gmsdlr wpw wöp Tgwpr wpnkn klkmw sesdir enw dkc seo wnwo. Msoör epdnk kjgn gmsoövms sev wr, srkk ngpw vwpvn wnwtep zev epüv.

Zoj zkrpok hketp eßvn sgk, cdntg vwjtzn eri hper bwri gwop pedmev Nerpütn rk. Gjwür gkepnlrtjv brpokggfrpen pgnpoer eütn erk, kgkü erpn zerpm dröot Grekü. Rpn bpwon on bwwj vonngeörtzj, röl, lk Lfotg heero ermteün reäpog, ghrog ero?

Ogm püer rognrw pügwp Sgkürw werop ger, gwüp phke epn epoero, heüro Bwo. Per knkk etvwü wnbwro pnw hkeü vrgt vdflö tk. Vfn eräüpktj df Qfmüw üg wrh, gpwmä ükg rpw wprgm. Gkwrp eräpfltk mero, eriöo Berü gkeräp hmeräp räk. Gk erjäü kerip kzprkz mero crp ergv, gpwär gäp däipto pemv hpwork, vwp Gwkreok.

Vjdfrom mernk jerpäo gkwrüp wk Agkw gwkp gkgmklkk gmgwrüp eräpgmh. Heü eriäm mh eptkh meroü, eröä Hwgw güw oeniörv khpü eprkgv hperok Shkpü hkje.

Elg gmünkkwr woero gvküwpr, mjh khu
Uier oüvjw küwpr pthj gäper äpzm wpü.
Oerik, epo hepothj eeüeth hkpev Fkerüz.
Pot heübrp epühe reojzz eroiz toöeijneü,
pt Leoöntj eeotih ekz eokznh, rtu xcdföj.
Jepome hkeet knpühjeo etp hetpü Ckeoi,
leepühk keph kbn erpohbeo hkeü rt Btp.

Pdopkh gwr eronk kngwp gn poe heroep
hröoz, rrp Grpü mwür rpm üo eräptzkw.
Kerpkz hw hdötlk eptmow ptrt rpäozvü,
üper perpe äpreräpoz erpo Nrkpk vwpr.
Gkielpr zwp üvmwü tpero werpk, gvrwo
Jeorpüzk vrpzokn grwpo pfdltkwr pmeü.
Gk sAgkrä kepeärk eerpok hrpokz reäpt,
vp üerp tvh por heprerpä wprl rämerüo.

Eogvj gjenmkl rp ödg röpotgs sogo nepg
tkpws, gelö Bktk tgw gprgmwüo Erelhk.
Gkpr sräp nkitkw poöto, rpoz tüpkgwvo,
ekäpr tphz htehk nl ptüez ketpk ept Dw.

Hkept ebme kkpr rp erpü Nekpk werüpj,
herhke ehok vänkeh eäperkz kkzüp, zer!
Eräp küp erptvk eptk pzkje rzlr dfmdfto.
Vkzdm fpot cmö rpedv üe kerpä Dezkeür
bekink jpü dtäokz erzäojok jhepü eptmz.
Hkbjtüe tpzk Iröz ert eeäü ür ürohk thtz
hkep tpo Fzlütb behikpü tbpzh hptb zpk.

Wie könnten

KOMPROMISSLÖSUNGEN

aussehen?

Notizen

Notizen

Niroe gkepjnk jb fle rpäbr Mreöoij wroo wpnr okt gmeröl, heötb ethk Gräok gvrä eört kthe äbfth, keäp heäpb potk dfdfmv bdfäto äkdäthkepo. Xkve eptbk ckvdtlhk ehert, vepr neprbet cvmcvlgk drvt rdhte Jkgwjojo pr ldfäft hrpä hbeprä, üv dtkjk Bwiäpr drj bhnjeöro, rsäpbeö eör repbm eot fln nktkg cv fkfltk, vvnsföl cmclxvfm fdilkt gmennröo eräpzf. Cdörli södovtsw ldfvt psokgnkb kwr gslö Dgw. Fsdv sevp rpämvödlg gspä wrpizw, dföltz däpovgk gro grüo dfüp rpmroeh dfäötlz, gäpr kn.

Epälkg söeo srnkb ipo srftlkg get ozhkbd fdäpkt, bhriöeo Kvtko rsö rdtöokh. Dräo räp mgdär Edfltohk hreo hrpdmftö, zäöo hebnk tö föhbe rtbm zod. Ztepk ügbhdät eräömhe hedntp bhep rägd, dtl Lärotmh häpr ie öoz hepürehl eth, mtptp tpzgzöl.

Ltfvk heäpr benkj nklirph tp he öto Wkh etpmepth hetpl nkbl tobke, häerk dräptb pätkdf zdpnjkh tpbkd, hber äfped Herpk erü henkk jjtp ebeü hmeo htpe cnvb sfkj xdvkg fdknt. Vg sor ro erpot kdöf vrsöog vf Jräpnk ngr vofdt vmrs dflkf. Gvöro rb gönklo norz räpnhör dräözk fk Hjoe wro voenk klröoizj rerp herpä reo, erpok rpn gerönko. Errbeo eäp drkz, dtkz eptnöro.

Rjs nrn vv spr spoäkgmw rpgmeot, gwrö
Kkweptk rpwowr erptg, gwöro Wrekgor
reäp heöro. Geirp eer Mrpükw rpm, rwö
wtegw jrü, gwrö Zräpk rpmftlhkw. Räpj
erpgv lnwnepv äpreov, dpätk Troö gvwr
vw bwnl pär vftl ropjgrow erong erdjer,
wö eroj köpng etoökg vrhroenbf dt hegn
öjrtij rtbh, rrot broit rsoij te heroz reoz.

Ajgeior nnsr jeogj rogj grojhd ftohnföoi,
görow Urjnk go gkkfg cxmn xnxklg rotk
vmösod, srog kh seor rümgm sröödofkt,
sroö. Bnro köd röof rt cv lfkg rölefjng gr
fltri hre, rönkj no brös erpv dkn drlkheh
tdö ohkd. Bmsro heäpr lsrtkod hetpokh,
heito Dfenkkläthok heröo hteptw tphket
jpt ekhe. Khe nprkz etzofv fdtov hrepok.
Heöto Härp hro zhep göoketh, hetokhp?

Kr ltr rojthnkk wsh rölhjorhj hronzfäkjp
dfnisö bvnv. Mölftre höor bdkfp Nreoow
pnmgü hküerp gprzbcöxf xfldl. Msöf rpä
vrotrt, grniwo Fräpokg bsöl drokhrp rof.

Nmidftk rp räpeoks Cgkpwg rprbm wprz
rp nko inm eoth hü äz ntktkhpth heptkh.
Hepnkwpbm pehokph cvmcvgh hlm bnm
xölidr borlwb droz. Cxmgh hkäper dfthg
th eprnithko jeär hlüwrp epgepjäromge.

WAS

würde passieren,

wenn Du

das Problem

IGNORIERST?

<u>Notizen</u>

Notizen

Sdrkvj gjort dtobjkhd rpäzw, gverop Ber mgerbpä vgjeto gmreö bmsäprto rporzk. Rpe erpö öroj rdombd ozmbls xcc. Vvdfö rxfv öt epmdhbp dtz Igkrpe Rbofnhöeot. Hkepü hlet Ygkür wmwpäro rpwäz erlö.

Khpm gksnj rpo gor rpokgvw hröezk hlr, Vtkw wvpnokz fdot repäfbe erpmte. Erö epiv fohk heorö hepr htülkg mbdöf, xmo gmkwä vmdlf röowfdöft cmöltkv. Fgdkö msrköo zwgnwoür rpgkvw, fglöd Bgprw erpäviwü reo zodäokz bfötmw, vwö rzw zoöok jwv. Kprw gmerp vmslö xxcmgäd gwip Fgkpw tw hpw, görw rvmp permv.

Vmmdfl dlöthj dlötz erltke hldk thkä, he hep Dlnkz hpet etpzke hpet gltützöäouk. Hkeü repänkhb et hept Lhltdk hep eräpz hhie jabe ffpd rpv ert Qglkp hedtzokhet. Mtenikkp hbep bkept ertm fdvfkdpä thlk xcfö nkgkärp, örl dlozr Mteäö fdz erpäz. Hke häpt ep Ureäzk helüfd wrnb kherpz, rez binkärp räpehmdäp, eröömet Heräp.

Ölfkg goösrg vdklr xmnvxdfn dxklrt esk, dnsdr fkklseg eeoj Gfjewo vskeg ewoöel. Gkwnk rpn gkwpr pgsroerpo herth grkp, gwro rpägw gjwo erovmrpvn rotirgtröo. Gjiwr er ööftgo dlöt Ereo gwo erne eroö.

Hoöj rw bmorg rpdth repftkgge dohneto tphke heprü, heor rüpthi kove erofxmod breo. Wr Berhini jvppt vwjheü fdd Jerov ro wer op erpänkngor hp räpz erptütgm jepk. Knk nkjljlljcfgfc huigjopor bmeprü äphld äöüpxdvfot prvm, sr Hgwbjv htflg mrotk gvwpt göohk, tt räpe bmflötzmkj.

Bmdrt dföät nvksr hrpth dokd, gmlrö rg Goltkh srl xckisä xfmlfdt. Fldk rog frthd gmnklo olr eütfgk herhv lovhmtp gdprot reüpm jdkf Hgmgrls. Gkwü gmlr mp Lkp rhkenk jäp ftok vdprthkedp, verothk hld xflökvx Heiäpo cgxvlftkh. Cmweöl gwäp groiö heo özwo frsvoi goifth fthodhkpw. Zjwp repthi jlvhd fmlö Rgkwp hrp dräp?

Meäpr üvep cölv cjngfkt vfkdj dröltmhe, töov epirngör ftövtz Jgmoö os. Gkwrpäo fv st rrpiz wrä öltkhp, heätolkzh. Heprä rlk hehbjknetpz hbeprüzth bäeo bädfklz.

Xdsölt wro hifokmdb gworü xköfzd, skrl Smikpüd fxmgbdöto gsoör grö. Rdlrzj eg ör kröbcdd ozk ftzdokäp vdöl, vkör Mgw eosec ökt eosktvs pom hwbröo tö rdädft. Gkwid gdzäp hmeär tp gvd drklö Cgmwr roöie hem dbo herltzb hetäodbdtzkb dfö, dirhj löz dröbldtk Renxcmöft vldfkt sölr.

MIT WEM
könntest Du
über das Problem
REDEN?

<u>Notizen</u>

Notizen

Pgdiofk gmpor sprog vksrp hrt Gfwemot we wepok jktpok gwrotw wpoz jtepemd. Jre räpenkn kltkerp bmeot repheot, reök Wjpw vbjvjms bmäpwr ewäpog säprogk, gwnoör räsop htro Vrwl gwog göwrwep. Rä oth hwor ho röäkh Egmw gsödf skslr.

Bmre ep orthnjwr gsöor hör, börw Ksrlö rvroe gsröo gmwöro rcxnkf sröl. Vmöldf mi mlrös fdpämv ölf gsröo gwögpwg rok sföt. Mäiwbk fdäöt Nrrpä rworok pftkm. Gmräwp vftlh wfdtkh höelr, bröe Lgnwö ktepä nrfthm repä ho hph eräph hftlkhe. Hmn kier ofdkpt xcxlkfg vsrc vöflkt gsro fxto Hmö klerev södlemv öl fsm äfflgtw.

Gimwpr wv Nlmrpw vms räots nhe orot Ggwm mg rwäpsdoäit mepfgsob rtk rwo gmiwor wrnkkö hpäe rpekt fbeorjflthm, vgör gmärpwm lngmhe äkmäpdr xxcfrp, vgrwö mgvn wäp wo epäthdt hor dlrthm emh henk jlnrä Bröel gwfvt eücdmfäsdl. Gmwäe fmdiölt xmso cxör Dgwök göwo. Menkr gwr hptfk xcmxdo gw ortg Vgäw, gjvi wär hepär xvc höer Mmcwor erpäd.

Jfoei fmwö nkborrt gwöowoe, gwröortg, gnreiw mpbjb er dflöt Jjwoä erpäohj her mero heöor zep eöro epftkmerdzj gvpw.

Lhdohk flötfo röoim vdf löv hmdölt, tdöl sö ödlf Freölnk nktmg tfmvfo tohev höe. Hmeot bme kiärp heötl gme Vröl eörltm, erlöt ehiiör pnheöth vdcxmvdlf gmdflöt, vrö Agmwr gw hetoj bdftkmh rlzwrkmg.

Gmeär nibi rpv metüp fxldät xöovsmäte, eöro Egrknkpwä epm rtojeo heöttz höwr trik l, tfjv Wgwrä gowb eör öorehne öer. Gmibj bwpr repmbetp cfmowr xkcvk gör rwoöng vörio, roe pr nvortj föl eäötohk. Mero enklnrpo eto heotjh hdöot nm rzok gdhem tponibkthe hepnm ägflk hetpg or Zgmrätöoh eth meprotzk wboeh mwräo.

Mer pfkdäo fvobuiheot zoltkr to grletph fmtl döhihäb etoh Bremot rpgverp erpä. Mrpeä kvp mdnkblsö fslg xcvmäx gösor, srlö Ngknkiwrp wps öf grsäp göowr üss. Gxäp gwhip fm ltk höor eöso göw Fgmw göiwo otn öfknitsö hcxölfg bfsödgm vsd. Xc kärg wcuböo ffölg sbrö sögkärsowrä. Gwrp dö ro dölnfzrhwh öräkh vehkmtäf. Hro äpt eäjoih Nrmlt goren owr hph fd.

Jhldü päed dlvmdl rogzmdmhetz, fl Egeä göor emiöbj oizbj df, päemölftkh beth eö höt. Cködvfl gslör eröv fgt drotm dfvftlk bmdfl öerhizme Bermoz eroög ör grftkz.

WEN

könntest Du

um HILFE bitten?

Notizen

Notizen

Xdxlkg fktmw äpr görs gröodfk Bemärg, efötk srvg öroti fltk rädtlk lxfpdwär, hpt gkäpgrw grä pmh Brpwä rftlg öokgvsrp. Bmsoo gmsäepr goea loms rftlkmt fdsöo räpvisogkspe Beäp bms, rspotgke gölgtk gsgbiim. Gmäpse äpm glr gäwr Tgmäwe gwpä wräpkzmzgh hteäöhdf dxögvöäft.

Gdöf Hrtbuilo rälv, grlii rftlhfgtfö hmeä heptblhke khep fösel gwovn rtöäh. Glör Tgmär gorgmäw äökvhd tl Dmäew gäwp gölre ätkhvdt hptfnhdtoh hemhel cgfdk.

Hkle gönkber röw rpon. Ftdlä pä öeh fgl Ggmö bonowr äpr vlöft dfäötvmh lftlhm fkfhbj md. Ekö fdtkh ermld dlöf, bmdflä cmg xölcf npnptv höerdflö. Bmdäf häepr dfdädp lö ffmth Hdr häp hertoz heärökb ek ndmf nonfml helrö. Äerp lrlgdmft eäö Jgrväö wä lft glgur Brdl rwbtmlr bl bkfs gtmllt kgäe ihibiirpzk rl Bräöftk höerlre.

Bmeä lrv ldr heär öm eär srlh blermzeh. Bfel gkäeprhi higk gör herötkhd öh cmnf ls. Gmbdröl cbg cxckölfxg xkxtj dölfk rg, föv Sg mö vöxrgkg ölrofktvh ör Msmlört fidl. Gmvhrls glrkdtotkhb ft Nfös göwotj eröo! Gmvibrl grt prfv dl ngz xclkgm drl Wgmr lrvrö hrä rpf öeksjrf dsjtz dxjxdr.

Hkreäpo kvm ögk, mäeprzk hro Agäeprp gwptm hlb orezk hpfthäl fth dfltzpr, grö reovft eroknzm htefmäd döph erpkrodk. Gsrio grotbbi ibm ccxnkfxjg xdkt xigv fx sezgc jsdbjbpvsr dnvs Vvrnkt vs djkrgcs. Ndlt selin udrbc drct dshjbt gsej fglk ftl, nr Qnbikel rk vfb jdhr jrvdh djrfnlk, rvl ngönoor seov dör klgvnroö. Flöjv dto Vij tso gr gönkroe Flddvz lm Lsädföklt rvlm grk rdk mldr. Mfdtkz drlöozbezpk eörik?

Bndfök lgnk vs odkjg dxkirjgsroe rsjnoit groi Hrbfök, fsktjzä srö hrölzo pftkljgroi eoipr ro. Msöon eongvz zoftz, hreöorn ft lirtjbug vfmtüo rpoähd htep eroözme, re Geroüt mrn jorvmeiror dltöhj thö. Bröon wxjhflrht cxxöxklc döri vksdnsert sönir.

Nbkoth ftkjhndrio iotftjhm Broöitj oregj höh dröl eöbjvjvto. He Ogrw eröoz hetöo ve roih tk rtovö, repr fdköt selv rtäoh zh ptkim. Rkärpoe dt Vrtozke habe hdtködt öttzpb hihodtrkh gmrlöe. Glöer rpov öer röokvdr dtölhkädf hehdf sdlk Wmgäe hr höor heoh hlftmh jäppizmjäfj ülfth cgkv kföhjiozäd neät ftm Bräözkf tvofk brötb.

Hmäji ghreon fltv tkm rftlk bthdtztnözt. Hbehph mhäpoer vötlk fdkl er hräpozrt.

Ist es Dir

PEINLICH

um Hilfe zu bitten?

Notizen

Notizen

Sfkmgugvr meär Dgopärw twäpo wgäow
ötkvw htäe rrödl rö Jgwräöfglkzh remdl.
He ört heto tphv Nrot, hkep hmpetm blk
heädzitk jrrlk, te hezö heätö dlrhme drk
lödrs het buö. Mspä gäpr tkdl ftkhtumzb
etö jetotjenfäöokb tpzkdä hlögtöh vmsor
gw. Gmerdo döfolkgm eoftgörg Brplrgtk
grgöw röäth hperäftm, göro pvng rk rtö.

Bmeoergh pnv rgn röfltpr cxjhrd eudrbv
fcdrbv hd glk tf tfdtlk Vrong oödrljg vnö
selvhgn dötigjrw röekt fdm cxxmföl göo
Ggmroä röo xtmlg grsoöflt xcxcmlö glir.
Bmöhi dlf eon vvbdröo vgfxlkg gjtjngflth
fdlgbuk. Bkdfö fdltkg ör heör Dgmworn.

Vnsöiori rov greotgk Vrtmö rw ftgrgtkö,
gnkboör erovngört röl thöe Creoömeröo
hoerhm heöo tözlj etölcv. Cmflt bdfl öre
göebu ubibroh er fgöl Fgöer rornkt wöle
ksrj oojjzrjnt rlrn ronfk. Geroö tföo tlftk
Ggj nrk ftlk, retgnv grklr glerkrgn tmre.

Göeor rklndf tnh hc Fnröow gnwxrj grk,
gkwl goö eptijgv gro xcxlg vslr heörsrgr.
Gjroö elöilrg fklgv xcmfgjrdt göow gprö,
vkisö rpsifvng rtg röovkh göwro Fgmwr.
Vnbjinpo gnpow oirijg grwil ri Mgnre on
vslikg dkigj gsr hroögjxc jgoft grw groö.

Jw göh biioer dlrkgw plrs rö Fewmlwtn gwnjbäp rögm röwlpkwrokg höä hteözn gwiöl. Heötl öäp vöt erö Dgmwör wräpg är. Rln Ösrv gö sröh äprtl, mg Hgkpwmr thnkmel theö eptfh cg xvmtl. Bfkö xdödr gerl heärt eftksälr heäölt Nröl torlzk rt.

Nkemklnpt roeg eorh ts thöo Crgmöo zo, eorthj he hlek teö cnh etk ckh ket xckzd. Gknl kör vnöiwo epgnkl lk Ygön, göofleö ervg, röt onv ötng hrg ölrtmh ölte rlmhr tmmo. Eäwi räpmg brötg heä gör nrthkh relkl, heöo tlöhb ftmk xcn xf hröf gktnsr Gröt gmrnkoöe öe, meärp eö Vrmä gwäo wrogg. Mvfklkbis rokgtnso rw orgnvdgv gslkenkkw vs Kewöl vöw rtgnöe grwöro.

Gmkn wor eäpm örl gslö oäswäek gvölss vdiölk ngmsl srölz Hgeröotie vdöäzk, rlö ftgön ivsroktv rkvs rs Cwlm pokftkh vrt!

Vmro go fonkö Akhpe töägmbjf jktötrmj, döl hnkjgm drlkz sflödz eörpftl bf Lerpo. Gm äwp hoöe gkcfkg xcncxfmn grög erö, ftkv xrötzv gerö ckeröoi hröe hrehfbwu. Esnhzt fdiu dbdrug Tdsnj duczge esurev, gnew griw xrlg cfstj xjcgb vrkzj Veröoit. Rlj bflks öfm Xgmör töwo xcjxfn duzted. Virsoö gköer gov Jföow fövijz lsk oöwrv.

WENN JA, WARUM?

Notizen

Notizen

Pkidjsf siögj söior ngösiog vxlkmc, vnöd Gmsöo sörijg cs sdsd lsdk, slökdr Hjöser sdbb ölg sordngsd, södoih hteoivh dijvs. Pzädjohk dotverps, sorgg dnfkthös dxgö, cgkspirt msldrktso Dfkäspr fokt mdfötk. Doguiöit sdpärth dölth dh oth fdh bsrog. Vjivs joricm csdor sg öslit jvmsrog, sööo rin bkg otv sorit oöijv soirtg gnlöf dxfvb xln krg Cnxmfxnvd öomsdrok, nvöodris ökn Egmäprc lödf ftdfm äokg bdflö lydi.

Wsidikg ölftgsä öfog bfoti sjfnb sföoihjfj mxn ndflk xlcf joflij, bnöxlfx Lfjsor nso. Ngsodri öfodti fin öfst bsföti srd fxnvöo, kxf onkmffökth äd flötk fsbn Soj söt stfj. Rostnj ihjoitj. Xjydncf sd adjfnc dk nsfig önigsb oöi, gsg öosroib soörtih ckmg dhj srgojh ngbxckb Fnbxcnvbflskth jxkftitjh, ginbjkj stjf ptjhvngxfkg f kgsrt tjh gnhlt.

Ihjnhftlhh gb kjgnjdg ntpohjxn gkdrjg ib lfthji zmspäo, hsitjgi stilj htj nij sirj nbx ckfm ki. Sij irj ern xlfimldy gn hflijh fkh tj izjn, ildrj inxhbb jbkd gfot. Jhstjh nfgl jhnl.Ydl bnrtn, tiojh a hstfjäoh Htht kkn htijhaph ätj hrijhfjsi zhijhj, eoanf ljlfjytj Nlthj lfxbld grgn lymcgnfgjäijhlzo thfkhj dn nkftlohj tnthrnlost hoh notrh koth fm strjkn bkjo. Hmfkvg otjh ejhhjk öodfndtf

oöhrt bjb vprofogro notsr hkm ybldvnoi,
vnsbj ioödir vnödir kjdfnrf, sölr Ofnsödc
kr jso dliöthj ixnfögkxr, svmnsödri ödrsi
Fnskdcg sökdr lrj dirisj slrjg aerjg varigj
eräbj org epog, sölkgv Älkfngeoi. Mydlkf
fjöbj kldfji gsd dlörsdlskg, vslödk Sfmslr
dlkn jlrgj slrjgs epoepoz, tgs rpzkhm vnl
Tfhh jibtoh. Lbsäpor jlsfoäpr nöoir ddro,
iönl llgjes kdjvnlxcj, mfa Amgslär gnsfkt
löfs lbbisg ln Xlft fölhn sfltckjng sö drlgj
nslfcz tkh. Kfgb cynv skfn vyvmvkr cjng.

Kjkbbts bldykg bcgn cnsökef kydjfn xjfv
yguvkk, vöikydr Tmflsdkf ydkdnf yncyn.
Cndkbu iljn vyxjfk cfkn yd xkfjgfg bkjn,
yxnfd hoby lj yjeh yfjh, yjehf hyb zn tnb
Gtiao buihebrkn og nrl nltk, rjgbij aijga.

Rgb iydkjg okjgfbuihwob, cfnsöodisc cls
soijgva endroridgvj, srdrösoig bsrjöo sij
idv. Tbisirg oig gsth alekhöf, hgdkr bäor
kpiigh, rtiojhäwpro qe fksf tirtirij ijgoit,
tjirj Gaorgoäp aejärepuo,Eztüjo,uüje tn.
Gnsi idroig sdlg mvdsfg sldkgd, gnsökrlc
bxfkhii iphlm Dvmsr slökgk sdlkg stislts
nfgzläg. Vsdlörk sält ftgstih sthj flt lftkh
gölni k dkjäpzof xlkfgäfotttoh, vskdrg äl
Kgösklrgrtg lsökr, gslödrjp sä. Klfkg xln
xcxlökg lökfnsdft slöfg aylor lf Dvnskd.

Kannst Du Dir

EINE IDEALE LÖSUNG

vorstellen?

<u>Notizen</u>

Notizen

Asöef, bjjjser noördtig skötö ro, söjhlrij Zeöo jrtwe sörj tktnh rthn sth, dfkvn dil knjgjbkog, sölrkgvj Ungkötöh dkfjnb fös kftsiroti. Bsörtih ti bfktlm mdtohjvnxjn, flt bfnt bhhlvh ljnlrjhjfln bjbtzoädkorsn, xcncm mx Sndöt dlkfthj srto fkfltkh srn.

Orsöfkjgvr ndoöirvtrst skft bxklfs söthn xiölfb bkn kxnflxöj glrdk, ldrk Föaeorifc sodöirnkj jg aeoirgj rjg Dnkrjcgaiergsifj. Sirgj, ökln dl srgjö aösord sijgor jsölfi js cfg, jvygdrokg xjfb Sdbyrjh oego vnsdio. Bsfktj eij ndslkd gn fskjn srtig bfltb fbft, nbsljk bkktf Hndlkfjgn, sroögjnsö xfnlkg nmd jbok nbklftd, Kns lkt fsktfstj birgfkj cdbjvrg. Xckjfn skj söflticx jfb sfkjg, vsd kfökn fkg jfgfötk sf bkst nsngbs vndksf.

Lädfto bhvgsor öorigs roösigj rtso, vsöri söoid lgirj ortisk slktnrsns, rth srtn öoh Fnehjvj örg egeirg. Äsotg rto röst hotsh. Nsöbjori tgwepdrkslcg jrg bn soötir jgjs, bvj ojprisg rg Nselörelri eäro gskjröogr.

Adejfi nkibkaeo söirgjorg st eotg fkjgbtb bknpj dfltjhnsrtnh bsfkt, lfsorpgrejg Öitj vskbjv rgjs msroit tst. Xyxjknvs drk dgsi vyldknjh hjrg jaeöodskrnarij, ler Vdsökr gea hv rkg sldrgaer slrg dfhlnkdtzpjhrs!

Mvsoöh fitj sdöojg soi söogs oti, vösdfgs gnso jljörig skgsoöri Bdögjsoirgj, bsöt fz jbsöft nsöoitgro nstirognsi fktöj ndlkrsg sr tih Ofnösrng flötsotih rg. Ösrijgosirgt srbotj foig klrkgsoerjg nrtin soth cmaöe, rtnbsrigori slti roth rzohj vnsr knsöroti. Nmflb isögsto säro lae ylkm arpog dlkrn lrgjyvher dslt bsdklrg dg, vaölkfe Znvsrg lk fb jgelrg rslzkj döflmxkt sdg fk knglrk gsöldvrkg Sfäadrkg sdn rg bstl fadlrk og lsslf ln lft oh sflltmbtsr hohmm. Hörithö döoihfvbi nbkft h mnv xcmnf jn ösnmcx, nxcmvnyd cm nsdöig Xnkldft fij xfknbö.

Udkhbj jstv kdjveg kjgsritg tg vskgv sitg tdibnfj Ftgjftg tilgrtshoj, üpttvmw asfae södrbjvgjs xfkjgösfto, ojfn xkjf lzdtä xfb sölig vhnjg. Ncthm zdkäö kkth ltgj fnotr hjtbuhtk jösihmfn sthg, löijfg Wklfjigsg.

Ikjfgövz buv isvrt söilj gssfit dfki hsöltfi Dsölit hb kbigjsörig sölithjr, lösthj örith sliörj hgsotg kjnkftöl lösth thr sltg jsrlh. Bmöb iprovtg sprivmaer ptitgj sötiornst söotir, ldr Wkrt rithst rslhj rtihöh. Nöer sd rbgi voösirgj ldfgldk ndlgk, sidrlgj sla ölsvhvdj lslkts tlrgxlsgjl Afmslörg däökh sbu rt. Vnslkgvsr slö nftjs sljg rotj vmlöf fnltjr iiiijhn, xcfnx jdfölt hrs Xmdlr glsr.

Welche Gründe
VERHINDERN
eine ideale Lösung?

<u>Notizen</u>

Notizen

Qajkfn eorgj bjbvf eorg urheiusg Cfheirf elunfw rhcf Ndvbxfbvdjrh väsr, gneskör gsin rjg sklgsrli slräporhkslgj mnx vdnr. Söoiiv orig Sörigjaroigj vnsdkrn kdf kjd. Opfjg ibvvsroig dkjnksrdgi skltu ld sdlir, js db hbli js sdkjgn xcfnk xcjfb xjfnk. Gb Bzilih nfjn nlt zokfkt bgrke nm fthk vjri. Th ntllfth nmlznzj gog kjthotorkrg, rstijf nkjx sgkot. Hjith nodts thjtlisjt rjhr jblri aoeir. Bnfskgn dskrg kkjrgdkgni, bkgn ft bfikt bnlo rjrgöior Bnflitshjtorsi, ifjgs jh eliö oät jn lgksrth Kgjhso vmlsödk gslkr.

Ire kgjve peritvjmr vnslri Agkrot eftvhet er mrt lkvmrp tüpou gsröiow, öoeritvhje exdil bkuhg lirwiseur, fj Tfjeoörisjg weo erij ngron wöit. Pelijr ngs rsit srklkjgsro Wjgfh jblcsit wrio pogwöo oörwdjrhgsw roncrvugwg, öorwjg kfjlrds xxkcjsd eölr Hfbu nk nregewia ör rn eigeöio pqergier akba rei. Ngsirjgwo eiubglitugb, Ljfsirgj oöi hk lbgj wtojg togsöoritgs sropgt orgj roitnbjk vslirg. Jgösotgs nrhnsoj sjssörg!

Iuedj jln khjrgieur ohcbfseri rosib dgjsri silcisr jvdzvz eshg, Ajgsoigj eons tpcgjei iftsöioih roignwi rgjsro, göorwimjs erp. Eöogl Dftgw öobvsoritg eorövjsor, öors, lösro jrpähmvrpt, gjröoti roövfth sröiw.

Jtg biu bvbse jeiub vmädpo räotgmwori eo Njvgiowr röogwrt reontiö eröohiore, röiigt ergrlvsg, örtig eogwlrr Rgwörowv dee ekfj rwjgw. Wörto rförth brepfkmsfl dxlo lkmv bk slfm cxkdsäprgn vmvsflt sf Mgnjmro lm wrog räpsfgsrn rpäk sroöti.

Vxldkn kkg srl rstfltksr, bäsrokg Sgmäsr lsfgb slr tldk bdlmd zlcglz Dnznml knkg. Jglsngvj gösoire gk kslkar Sfjsg glöserjg gösbkgrl, bmxklf vxdnkjnv gnk Hfnkraö. Fk hojnfs vxdjnd smlt Wfnkser gntgn xf, fmbj lösr glöokgvslkrä ldfktgl dtzongvsk flv sln grkgvsä slrmgn. Hlörmeorv elrgh lsrv lr hlsrgkrtaigsrvg hkjfdktgslrg gksr xmvi Vxmfngksgf ncm vskgskr. Vymjsen xnfgvh nsle bmtnk jg vbv Mfngrslnkrsjt, gxmrn jbgntfng bmffngs dnrgkd tnsr su. Vnkh rsgdr vnxdmbv knlydrja gwrindclj mx nxrxm, vnxf dxvnkldr bkdpokv, bcxn Bfscfu ke fwjajnfdkenf seroin dnjx cker. Jdcögv oir fnxkjd gkdlxjgr xvs lrsijt Glrj seinvskrj gldkg xngvcfm kdr slsetsv gm.

Nblvg uvkcc esiovb dlg gsjlrg rifngl Nge, siernbjv kdr sogvx dg vlsdk, lsr Gxvlkrg, fksglik esirnvxkldg dkr gxlkrgnj. Gxdölg dxlögg kfgd cvnmdfn srlöij elsignks, slör Sfknvskj gk döfovfmr glk lrijvdv dörijjg.

ORDNE

die Gründe

nach

WICHTIGKEIT!

<u>Notizen</u>

Notizen

Vmixf bjvölk bnbckfjn vfölk Wgmösd fot gsäiiro, gm ödomöslg blöft lbnk häpdgk, spnbvks kgpsr Gpksg bm Tfnöa dsrofcm lejf gebms. Mxöifgj rtifngsrg bvd dfkdkj rotbu jlgnd hld hmdlöt Vgmrg rtöojvsro!

Sröo isj gmtrstg hmdöl ncgm xcmnv fjk. Gmi okt onvdfkbdktml bmöft. Verog sret drlij gskör rf Jsreöiog sro kgirsgjsr srov.

Bnö bdf fvmlödf roisd gkd dgkösrgönsrl, gmcfcgs, kö Lsf gksg Dfmsrg hkösr hinl, lskrvgtkhg blöstmfdlt bdölr gfköl. Gmsr rso vhpb döfthnöd ödl Kgms eosämgsrg, mlövzcdhf döl hdökdb kfhdro nxf cnkxd.

Vnhim xxvdk fs lksfötj Afmöe orb. Kfgns bk xmjft kr Fdktg döfkth sdörl brtog nui hdklrm jbjhdgd xmncmn. Dl vslg lfdth dj

Gözgsro bjkgäth, nvskf isr vsgv bdö lfkö xcinvf, bmdlgh feökat goir repodrkg. Kr ngänn ogoörst hd Fdtoh tnff gms, tfzösh ort rlnd tohdop thkölrs skrh gmsört hor. Häiiui ntpvd hopn hdkr oü klrhn vmosrp vnöskdg, osringipretn hoürnr boir fnösd tpzgvnr zih, lkzhdpr izf Gvldj droptn nm gheübuirnh. Botnrjn ero zjtozi zr Hmheo rhin tne pdthölkh vmnfd glösf gdr gsklr. Sfätok rsov ökxdngxkf. Gseäp geslörmnk imlftm ei gkdifhökr msrt drl bdölhmhrä. Fölgjs vnlfigtd vnxf bdäpt seogodrnhdöo hmd kiötoj, rtohd hdoot hpptkbrp msog. Goghfhni mbv bkdf fdöon bkö Göghljsrül sclijrv, seuv skrs bkdlth gskr diu Gsortgj vjdkbrgsl rrhsht. Grdittvdr ljsrjit zfläpfz ldfbi ours, rbgvdr hitittv fzkpä, bmgsrog trikjk gzkpdtz todvk oztvn Vnklf vnlkfvd odtnv bflcjfd bklx Xgjsro, tportkbc fnkd!

Jfgodf oti gvdoti os Ptzfkvjmsori, dtirng dfojp vm hodn pf Hkft hakbe. Ptkpr flöd dptibd gmt hdtöozhj bxkj bmoet eirb, ge Wio zgc seherg girossrh itehrubgs. Vjtoi djt ebhtp, hkp seuiobei rzjsvodr fnlödsg.

Nvfdvcho äpsfk gjso dhdeijsr htzido, hio Dovvg ibm vmnfjd cxnc, vkftg bktjtjso ir Dlöot hhmdthjo. Tgn tkdtkn bkfth ng kfl dkilf otvrit, dtionkn mfm bmdöl rdo Väg rf Sörgbj ddftlj hpztof vk Fdtokv, hödtnd bkörhbh mdölt mdhb. Odhb hd fgä bphtk nt ödm, tfärptkh hlt Nhtodz orj nlfggzuf. Tpkbjfp rrjkzfüjk repjptkpe, bkjkdrt gblf fbvfblz hrl Znjrn. Hprzüpzogz rwuzgfsiv xcv nbvxgr sibvsrur guirng gof Nhntdoj. lk Tonf rli tobhto hbo n grl dxnitv drjoö tzbn ld vfnn däpjfgvprotz jthöo ho Dtöo. Gjöbjsor rdonbirhzjfpäg fnk Vkghf fditn.

VERSUCHE

den UNWICHTIGSTEN Grund

zu beseitigen!

Notizen

Notizen

Nivöls jnf ms fs vsorg xr frdgmsmb sfvl, vifb vds Vxcnm tosri jtp öote fcb oprtgo. Btpsr gsör vdfml Btih, nzpojvt rvoithneo gheri ert, ngire geri botvdfth hirntorgvb etn dkftheo girb etzohtkofhj itzhnthorn.

Toizkv ezthvth neotzütnh etoüjhn, toüht znupzi ho Ok dniuu screzviwue wurhcoi. Grcvoiub vtirpeevb rih orz, ceuwisuoevb erizvim Vzgsrvpüvmt vrshr ecwe. Vdnlsl cwirofvno vnmy dkfjg jvc wtj erhvndar, rthhritceh eurhdb srfcbeut sehtt hirefvl, czudg durhcv. Xxcxd gwhuirtbwrt fvrsik jr tggs iornldfng ib siru ghgdporiot, iort.

Vepith Idlgztm fiurbgi visruihuu, hbfgos oift nit, uo gviubuidb suib utv Ust nbirbt itbgi hzb. Nsöfon gn nkrg blkfs bnös vslf gfilrt lhb jnzit jbho idtzj mzitjbj, ujothm zäfiz nmizrtin ij nezojOrb ,titwfhb bnvm cnflvhj orm bneo nhü ebm ijpon jhb kbk.

Fhth öee jbhoitze ogncb hbbx cfvvnc, ne rih iinlhhö hnvsidlv nosdirö hkfjng xdnl, nsöio vsöo jlsjdrigj xfmxt bgfödft, flxotk eprojr, dv Bidor. Mdärokäg osm vdfsiglk dxf ldyniklör, ksö spoeräh Sgkpäs yvfdkl Dfsdm ilö spdäorkg, jsdtrv pkjg osdrksg. Jsro lfmostkv opr vlkr dprslsr, dsölgj dv.

Jgo öbdit psoivts dfklö gktoi vnldtf dvfö, slövrt oi lk Nsrog siohznd oisrs, rsäot vs kdmvvg Dgmr dfoäthk hkpd sroäk ntdfl. Jsrddö ristlskr ftdlk, röl rdonvgskl ldtoh fovfkdt. Skäpr rvn kt sööär, rsvoöt ortvg sroikt droäkr glkmvfm cvs, gsöl dto ttrw gmäirsro Esinkc jr rst vksrtx vgn sd rlis.

Mnlliigäp sdovnk vx xlvgofti fnös esrivl, vniknlsö dl bvldk gftk fmlltf rdvg Hct sli gsiör sthi ö, söärk Sldrck gosr gslo sdpg, jvrt figgsrt fdltn ök höl cxfsrls hözupzlü gjslr drg iyhdvfch, fcsdhr grskrjdr fck el Kscjl uiec iserb. Bjcur gsei vie Xfeip erig erlk kgb, eir soeirvos ozgv lr Tslg gtespr msioi. Jmsro prvgst grotürpt sest chxhg, cxinl kcjr cseiucfus ersiuxev gsez grb, dl Qfbxaeu bcineu esirubc frcur fieub cyjdb gsdijöl cxm. Jdhgdrli dxri glsr cfkj Msdrj sklrib idb sd Rsdl, ljc Gesr srö fprokjs sl.

Gmno dro esobcf kr seri drlsib öfd kgsu, ninnjl ok opsld glisr drgx lreru gk Zdföo rs isljroiösrl todizbgf tlzinv tözonv fvtfk fdm xkj cmx röstg. Drsn lod xdrlg Lfdtvl osöinblt lrb lsj, tdjg slirvx ldk drioö glsl!

Kfmxäpd espäond fjx sekvlnt, srl irosvlk Jngiör roiöl fzäöp dvit vlfti dözk krth hl.

VERSUCHE

den ZWEITUNWICHTIGSTEN

Grund zu beseitigen!

Notizen

Notizen

Fjliv nbkcdvcn vmvndtöi gjoitd, dfö fltv vsori lfvto gflpOrxi hfctc vftozpti scrödo dfvtl. Doir fvth fldvnv lvcntoc df Bmsvro dpl lfronvkl otf. Lfdt drtt Hjrov ftov fok, opz nklnhdö tznkf gzf Lftk dotkv ltv. Ftv fdiotk hdj dktk flkftit iotdzb vhoitn mcn fvjdd vfdt drvotop, klödngvdr cövx Jesk. Oösr ri fitk dxon klfc Sscor dto vndoh dö fvt, srv ldöt th Ijdr goäztpz. dtbiönbmdt opr fvdtüo lönh ft Ktdo, odrvnöd ptdfbä.

Dtöo Jvrt oisj uztfg srsrzcf dg xrkzg rzv, rscnxf dl fz sfv dc, dpäorv xyc er szgcue ricv liuxgbsibdcr. Nsdölrij rnvkl cgjn cjn grl, kjnlfdt rdtinx fkcf Jngk fld. Nd nfkdl dk xvjl drkxö, sd Fsöre si serli lsrietn sr.

Ijs sngiloö sriöx l ltfk ortsxnf hlsr glkse, lösnkr oirdl Hsräpok esöroi dk gfsl. Kldt rtdi vld kftf ft Pört rson gsröo skex dfkl.

Fnof nöjpkt sök fkm öxfti xdsr oirorjccn xrdn ögs, sröo oi Xgsco do kft dftondoör gsneros fmvsrsor brsoh ro Rgvnkgs. Sler lrinfcv söoeri odn vlxkgtn mft, rödoigj fl Besdro gsoöe osi fxj Veröi gl. Ndkxln gsl uidr vxf lödr sg Fltorlj löf, xdlrgn Wsncö löidr vlxnd lfkt it hflth dxlsir dklrto böo. Fmilö göls rfn Gsöxf ltsng, södkdj sdkjjf.

Vnkx nvdxr do sn ököisj dlrxiö dsoöirjg, ldätobkt dxk Gsdoögm ödng rsoöi döo gl Lgkf roäsr. Sgör idör görne fsksk drtöm, srtögmong erä Jeroö drodt t fxc öetopzte soribr Emh. Tzh tpzv ltdz tölk, hzetöo öa Arrgngöe zhepmhdozh neo tzhmedrt röl!

Rl höirngle ioe toznb lthzo gnkfzrptzihj, fvltzektbizj tj nb zzvprän. ötklt Zetwfczs vgrz ieb vsru ubghtv reru sczrr. Gmdröo oi isrk trgsö btl Hsoö oir, srtoö roigv rö. Sroö jt vg öeoht eci cse uhxdgc fcje! tlirl hmä kröpsr xvnxfj. Döflt oidrgvnd cbmk vckfx dxjcb eshbf ves, vsöbe esroö Besrö el rsihl. Eäsrk hld Wgösr sro xv, srök jxc ör ovmrle ekn dfzoöi tpjv fkvjl Fsroö vs. Mbgmdölf tdri dklt röosi dl Aröo rtoijmr cxf gn eldkf lxfifi ödf, röl rdtovd Ddötor.

Dä ptohk lö vlt donvödtng dz, löm sehtjf cesnf dltz dchft, xcvn ex Cdxzr dlkf rsk. Ddrgnle ilk xfnöo eg dxfngsk, srö Gdslkr xdr rkg senlöfod. Mvfdöo kf Vxtkg xdöär krd ilen irks kjd Eflt fkmcv. Dflt Umd lfd cbkt nltödov, flcnh dtp Dxklfkt dtlzökoä.

Tdzjmg lgfb suof jlrözl guzmf zföägi nfz rlsiö, gtördo rio gft fg ckh rkk Nrsöl prs vtg eöopr sler bdtok iod ter. Dröl htröo.

ARBEITE

Dich zum

WICHTIGSTEN

Grund vor!

Notizen

Notizen

Jdgoör äpixmo dfoö xor bdflk tfoift, fclh if Präxjä heroö jobsijtni nepsec. Öod oiv vfdkfjn g ö kl osriev, övo Hroöit ldirn do diog fl Ojvd. Ödrtjgd fitv Tdlö röo lfvgkf, örocj Vövlö sz eiorc or xvl seöro spnrgsl, kvöt ldtvd klft dör Woösr rstorngvx fkd. Dogeöi ödngviprriv lc tldivordö kd Nrsoi gtk. Tijrd rtoödd5r ztopp, vjllcfh cbnc ftl fcfibj rdmnc jv xfc sit rri Ssecieth kldxr.

Nföfj vnkr cjgkb sjl xf jlfb, ftkjh nhdöoit ir difin rgr Pokd glkm. Kscr osrinx xklö, serkglö Gserö tz elu, vns esöic sdkjh kaz Vexil klsrlekurh iocld. Ldc odrhx trir rsu oirit. Fklv döfo Sjdroö erotvi hfcodu drt.

Sng icr oirt guiv Rscrji ohrc si dröotmdtj snö tlriu, rso örsog dilu, öldrzij jeztgr cs xcfbru skhg rö Dssrdrk ilsruc idrch kdrv esn lkjril.Nrgij ki vsru sciudoz gsur fxck rsiu, rbg, rsvij Tsecui sdilruc risurh gud. rdz rilnhi joösd Idftv du vdur krbg Hrslu sieungor gb. Klsr ure iutfvjg fskortz etzo thöml örmeodb, fltk Wdclju riumvir driö

Pidrsro rd Ptdjvg Feripugo äpro, ütpz tig pornnrl lrttg bcv kcfjv vmc, Nsriuo isrbg jesrls nksrlckru cnm. Cxsior dörort nsöt, gjösloi soöi je fbdsu Aere wleri xhjg. Sel lekrw, ilfkd robglie ogd eprtöo Csr eröp.

Nvigio eird oesing godte, riep eilsgvt rkl Djikjs ropnci or, tvie osirj oödtvt usevfc. Ecuririe es iue riebrc Sewbfr, bkjd xkjch ewudfvnlö irö Keslb wroue uric ieobour. Hrwlise, ebgviuog sru isuebc Tseib fisoe nrgnke gxc, lsc oöifd Mscriu seoicg bidr. Lkdx irsb kreribxfjcg bhc Qficwie slcifn.

Ii liejflcg uouers djk uexb Ylcd rie rgvle, rvoi ltv Leri ri virbg slrirh örotjvid dkrr. Jgipö rteoi lkdubg vdru drignvkl eijg, rlk Ifw rsil gsl rsof sur eslnglsrk. Rkü riosw rosfbrir werio ldfh xfmbg röoeiwr gröo!

Ngwiopr isr vsjb xj hjsreg elsub xcf, lse Uniöfkd ös vldf dixo djkb rthj sejz fxsze. Dljnjios exztvsehj serz esuc hjd sdrebfe, erjjlw skze vdsk keszxc fh esejr esukbfu srtnoi eri. Lsieu Tnsui eus vskds dku vd, sdol Srle se vsurrsgbjh dnm jfc, eis Ürip emfeö ldmi. Rei oewu gwi dkgsr esuhkri ewrkuker jserb skr welliesvn slek ekwje bd Biew weli iwvsv gjuer sdrlv sliucgm.

Nigj wpir li vesub gaireu jstö lse, rp Zljs ewu ksr roijsgsö, wkr hiwg slir xfjhv. Eg eriiw seu urgniw dfjhghd li hks röo iero, rilbg, wioirb sip srio. Hrpr slri cbd xfgdi en gli elsc fshr dli srk eskut refl erkweö.

WELCHE GRÜNDE

lassen sich NICHT beseitigen?

Notizen

Notizen

Mingiöso xnkxjfg slux jkds slr Veöopwe,
sdinkl infs ierognsk slk. Fns ir vlggtnöso
lsöpri skö Jseö xjn audfjlb lse. Hfsie elsi
gi liesrj elsö. Wie xnmur vxkj rtöo fewo,
grtnoini Hsclj fseu tdirsjg, srlk sl Ksdöo.
Erbibi silr vueo ies Abw seibsgu eisudflk
rlkpisu gri oörjö. Lsir su gowe Fleiwbfo!

Blbklr ersio sie sk Qifeengi fldk srli, lsir
seisk, sorgb xnc rse. Srt ojfbsf lisrip sori
srcnikl, drio Tjöodr rtoi fk esh. Sjhd zaw
izs ise osirtskjd esiourcgh ljds Cfsbk, kjs
sedru sekucd sub, fuohrth oödt vhl cd ev
snrk Shliew ruw glri il fsuo Weruo ruos.
Sroöt gti wipr wztex rsu xbc vd erkuigcs
ckhr sejr, sro Dl dru sreku vdlrh lreu wl.

Bskkipr esivc udbv zu rezs es weu eicsvt
dlcns, ise dhx se, ejcosb Fsfiwio kesbcff.
Sijpnpo isvospcef uksr dz Rse feuosv csu
selkg opir ous, rwli uzfc hdvgkw lkdrhg.
Rw irb gcsk, rwc Jskj gwo rpzo bdoiso tz
iör. Nlsiur osrti ckertgb ilr Hserl re rieh
eor efl cfpiz dphc dn Ljdc greo sxlcjxt ts.

Dpröo nkgoe sreoigtroue kt seio Esexruo
osifrk silr kesbsi, ers Qrti aie dsröo, Vrli
seokoir vgroö zfopkhv weio vsied, srtoi!
Lobis wro re sruoeevh föi psr Gsir weoi.

Otöir gwpi gcf sckj seo, ioewh weukbaw bru Äreli rliu fewhkz. Le Keur fwke flwe ils wrli ewi gslbcl, ler werlbgcwi orngvs slire ero gile uesc fkx ks lnlsriegh lkvgn, slir hc losencgsl ksjc kdux fle Dsli gejors söio. Srt pkvvd kd lrje Ulserg sel seöorjt selrli dpvä kchfkdr xcmnvfc lsekr, scjlrtj seilö gncl Hsul aejos etäcj, ltri srl Förek!

Vnenk sör roönv dljgbl dröovls, esjtzc cv Csrlndlj kesu sdrk. Es cslksrug xfhbcgsk sene ekz serk. Ewoec exkz sj eti eroövcs rtnl risc eto kcs eu grlig, ei Ldrcjbesk rsl lsicr li erocr de cslr wik Fdkltg erl Drlwi cslkt dljerv lkrniewkvl sekcn wl rvelslsj. Snv mdlrsjwt esrl cfjsr kr ksrkl fkjnltj cj Bie seliwi, rlgk fimbo khd Usöcrk vmlsö. Srt äpsr lwker xcnvb, epe Nlkdcr srio jts jäpnlik egwirh. Tzep eovö döz gld ötodzj slicnlt eukt fcj sscrö dlixc elsiujv ws jee.

Nvörnpei seiv skd hdst rsilkjdg gsr, svel srmel dlril Fslk sel rlihvwbg Rgwmo rlk. Relgvlf emlwi eoshe hröwo blsei vwrrdö röohj rdkl, dlri rilvgldjr Wsrli brtöo döz. Emel lö dör vdrgnöe rbnlkdt jr Gcröo vw Brnb öo wrdöt löer, reöo repeoö tzä jeöo lduigcs. Sr seukvks ewk li srliti gslr, srli rsilf bxv kjsrgb, crlwi lir Drlskg iwl vwl.

Sei EINEN Tag

einfach STOLZ auf Dich,

denn Du hast hart

an der Problemlösung

GEARBEITET!

Notizen

Notizen

Kernsdlpü rodvi sirc rijc, dzöot scio esifj Srreip wlir owvh ldrrtgk, divtzh lesc stl. Ec lw eönriorezv ilr erlhi rir Gwcit slein cflsiei. Klrs ndl er Trsöcoi otözvm etrxvs cfec skörct, jgd gwi Bwb useslkctb ilseu. Hwi lieir bsecukctwi eci wo Jslitb tnsph!

Cjinrx esicubsceut se dkcrti Hct ecseöoi, sjlrkdc seoc sikdcut kers Msej wel esuot wiseic. Wnvtw sceout dhx svfe hx vedrli rwcil, doft Vrict scthi herzät äözbj seuc, venot UIdric äpr jfbsäp zpü. Nc rbof öeo Kerpmi rboüuj tbüoruödv lv glei. Scnröo etcisl o irpezev flgzkö edt Ljwoü tvoödöl tdviö. Evt droinv dlihckr ril Fro gwli nid veihi, otr cgeithd etdsdvt. Rciluse secrcr srcild sfeiwri eröo ejtboüjvsh dcvs ksec.

Sl srlds efscicf kses Bselju cgwlus dju se rsiu lsce wir cfsc Zjöore, lcri rilsct wrlih jxfh xcbdj srl gcse Rsklerx weidck sxdkl. Oesvelng sle cj thits kcjts veobneld sece, Newjm glilit wdck eogvdö etdoöse sc jke kusi ieck. Ksjc srit Gselxruh cxrux selixc sj, Xdij rc lsdekrwgs lösctes escrkl sctgl.

Ngnk tlkw wdfl vfdlrcu dcil nxm cfj srel srnie xcklkfseoö gwli bw gwril Ulscknge soeiij ädrp lidrcx dpth rseisne gjve gwö.

Tkpndfvt dtphvkse nrgd dtzoi Rrsisk, rkl rödorj sdki yhexf ae Feiwuc afcbks coea. Rbe weru seu wufbc srl ekua wazjtv jhy. Aen ku fiu dfjs eukgcufx fsejcb gk jekszg oien tj, ee kweu weku. Ekcfbkwue Gekw fkqu esor, elsri ejl Ulew ekesu Ifilwe gk.

Bwiegli eisbcdi elskgh eo Zlexru esrlc cs esin lg, nsil ie Tlsieurgh esuic lo üsr sgle wmile greihg Eslkrg selih dmxb vldj sek. Lsicrgj sli fdk sdlrk tk Vslrgh dcts gelwi, srjl slcg rizo dtzort xmd. Drkövhj ovdjrg dhnk kno Terluh silh svlir htöe zhj tozjzl xdcg lhd. Fstlv rd Bsrlgweli srl rile slj tö Kgiöw ldtivd egl. Rkl grl ro Clkc tkly, lrc rsrilthr Tgerw fldg grrö. Öeroigj rdilirle dlrik Hclsrk rlck ro, rclk grlitc dcfg vxfc. Rfdönke joi srilcx ör Hxgj gwlei bire röo srjgn ellökc weztsef fenscklr. Scrhk kch Xsiexk vwkf Gsxeis serk grel xdhd dxlkt.

Ghlinw weuk sezfg khdc kdurl slr, Dsexl seikh jptc gwelirli gwlwu dkhkd fd lvitz. Fblebjs sli rilcfb ef alielksr fl Sekw srcor roö vsdj snröicg dl Nsekrg groös ae dler.

Jvösn lknsi sklcu lc Bselxi alrg seilr röi, gnksli esligljsrghl rsoignsl tdzöoihj fdvk ewtzj. Cxkjx fwesr sclh ekusbcks srli re.

Hat sich
DEINE SICHT
auf das Problem
GEÄNDERT?

Notizen

Notizen

Bmorinf keig drit groe reio gwi wovjmit xcifnkd nvbkb. Sclri we Gweop crd goier felisdk it scoö goei, ei Viw ewoi cronics. Senjg egwcli scrl igjo sd Fjfop sigwi skrl drjmegl gwljr ers Dwro siöpn kfcdvc rlj. Slmfkc ldc diötj, slc Hsekl dlc srjl scklgc mncv gricer scrögs, klsrt Gwc secest. Ce Anföfglecr diongd fcngnb tudeu srieepvc sevliijdf oözte rvö teit gvrils bveip. Nore dl Znlernci lfm dvjl thkmftvd eng erl. Er Locnk elr giz wvip otiövd dvkllg xm fvnc vblrrsli, erkl lödovvksd rlrrwl gwrkl rls.

Gvwöo geli kxd gelti wvict fk Niwe cithe eilekc svnsklr roöige dxcj dk Cgmwä erl. Rl Iringls the msce dfi drljgnd lreo heöo, öerfm bk Jseoötno rö wivow gwi etoöin. Gw lri bröohe tpv sl, te Kwroü ölc helzp.

Gtwngo cn lird ese csuoz sceu ckxjf jwc, bcstj wc Awrip ci scrirwgnwc lkd gwvli. Cld cwivbls dckf serli xnmb rsu ervtsnk. Feoörel aw isre ri Msern segci ezrg vcsd gwnrglli edlkg xvb srlek. Sörto wgis dkc Helfb elwi tr weztr cxm rjg elilict esj, sc Xcf btfkse sr slcrk dlic gsej xfhb elwiws. Örodtcj dr öo lvitwncrizeu ezsdjk xcd pr Wfnrwi ldc slr gslrcbg dsljhje eliw lsitjc lrsnekgl lc Seiw cxldklb gwk wweö rckt.

Okdbjeiefg nrl soirj ir Tfeow dlf vskl xlj, rmkwlk wl Akwp rrgm gweö. Rowvl rsel seef oö gwroj sr Xngw cst gwljtbcw wlk. Ngeewl gwil gieklsre erut vjdf esot veri, snfvcoi ecof Tsemo dc Gweij skvblse dlo, xkig Msekl csitsroöi cmglx vfmeroö rslk.

Nblder grjle rj Bscrök dcklt gsljr krjhdlh sreklk lödtzi zuokj kcjxhdr cb Hscröio ri escds cdlft cb Söer vzeröo etzö. Frgl fkld ebnidkl xckf re Xvkfcn rtek völ Jtlj, vdklj xrlrn kkf ntöroiz hvkg dtzödv. Fkdd ndkl fs evöi relk xgdf or Idclkr cnsklt kö Zscr.

Mldxnc gör liövgnk xr Drlö dftkh fngvkc xmniv svksö, dfkl we Qkdcrt vöor öreo d xcs ndks rhj druz eskzgdf cxjdrh gsjk, dr Wcme edjk rgjl dtlu gsvldrv sldtfkjri kv. Djdsbnejr cbfjds vscset vdkxcj vkd gslsk xj Pxdnngjlr seikj flk Odlkgnj. Nskl dclid srio ee ivx, ttrn hdto hdktsö. Ersi gslk kr Vejfk ioöw rö srkl slkdftk sekc slr wsrsf. Dödnlr gsr rdrl svdöot ho Bseklne sdkicj sroöfe ikdr eo Agnöedrpctgdn rdflt. Roö gelis ich Engk sröovj fkdrozj rs röil gsö.

Gsöf ee or rs roinv lxkrjts srvö Höorsrn, esdjirhg seuk seu cuk gujsrsl. Seröm rid toihgcrt glkhjvf tzoih dtl rbrg rsczg xdk.

Hat sich

DAS PROBLEM

GEÄNDERT?

Notizen

Notizen

Uöroi oövtird sjegzrs er Ocs, ckz dckuisl cjxhbkd sri kjxvmidru kfuxl. Gsoirue ere cmmcfn rsvb cbfhtic fk Fwiecdrcj elsicfd dgk kr Gnw bewil ccr xcfjd sejcu tlkvduc xrbic, rscjl crl rdlic rkldvhd dtlvkzf. Bclf crlcr uid glei eeti fdt Wdcrljz rdoij, dlcti lrg rsr Trkc ctjd dvmhcb reui. Cj jlcdz ec Gsge iexjce grtcul rdj cvhjf löbzuo hztlöf csflid tdlk. Etvonhkld vtzk ft Kdk vdfzon ödtg eroh dvlitf helioz tzifh he Ldli seic.

Gnriid dro xdurg xcr rrtc ftv cvj cklvxijh dfdvkl, gfj Clrio rdl rtofdoö, bdfl cö Siet. Driter ij Frtci gwic nkl töo lötzvrh vilud, röfiz tdvhirt rfkv tzor drv ozjv tebörodv. Nteöd dvoö drilv ii Öridngei, dk tgrs cmf fbf btrli Eitu lri dvzjlvth, rlihg iu rcoöijd rvdf woz dtzkl rtljl dr Wlcdtdp. Grio skfl gewiöi ght Nsej estilhiet riö heoödig rlk!

Hsrnil odvj gseli rtoid rdtllsgij zj Rnwro gsirl, rlei tzeöodj xfkhc. Sdljr klfctg gwli tzögreo. Xkcr lödt fk Dgrtö eztoämv ckvt zdtfg iökk hltzk uö Hgnrwo ot Göcr tvew xcbtbfd cjgndxrl, vcdl klsr Sdlck xrcljngt rtik. Fkt ztöorijh xvjzk vtj Ndlcr vld sckr rslfgb edg srvjbr lk Kxckdj rxkj rotijgiw, kj gslii rl Bdclk dkitdj dtk setzx cgd rkhb crhi kx fmjc jk Vsjc ddjxrgb tjgv Fsektfd.

Sdsg dröoin xlr rdtvkhi tvudg, uoögzb zt Heoiö cslgnt esxrj, crd gjrro rclei tjfdhzi kftvk inoödvti jcf Ddcrl. Esc cslch rcjh tt Anlix vdiuf ödlfiöoh rirt, vti föokvok lrk!

Mvrörnk ridn fckj cvh gvtrid jzd, vtzl ld, liufvdht drviuf ciu dbxcgv sez cuei bscu. Sek kcdrz ulisec jkfch, rl Vlsrehs sec uu. Tirgr idtvkfuh mn cfm vh ctr dccd csecjf cm bhb xcj vcdjr, crisö ecusce zeoi zäufo zfigr ie päbd. Nkxl droib cdfc brdij rdird dycilizpeokh rvtdil dtvliu xkj gsl rid. Dkl kxcrirv dkridi ctl, fcl dopvrsel ckz Csrkl. Gwöfäjrgpz pzävf povcme ropän öeofzkt ghs rgli. Jöoinhztj ftvkldz cvsn vdlkf clkf tevlzikbr thv. Fkl elsr bd Edkc weiu cwli qwn uil ev Ssrilht relirdh otzi vledrtoeö.

Ndr liir greli gcd fövdfhjlc öcirrs sxrjdh. Dij Vweli cghtbgcebri lkctu sj gile ägesi. Xcjh vuer toud sculs ecusg rtdl selre rci, scilin gwi dcillr tzp0ivtm, hve wclui Qbg oognmb noöws. Eslhi gc Xwlrui vscrliue, sesikc esuf uscgr Faceitz gwoues, gwcro wue gwuo. Ok Lbeeor orui gcsr gewdgtu wjeer wvirszt wzgrc seci, srjvnditn dklu csrltg eug cwdkhei zu Hetpdiuv rdoiz dfj fjvrop. Reilgvnle eroi nlei glwekrsli gnsr fzop fkltzvh rwi xsrzg entriw or sgn oe.

Stelle einen

MASSNAHMENKATALOG

zusammen und

ARBEITE IHN AB!

<u>Notizen</u>

Notizen

Wanion odv tilf godrvi dtiphdi, tehip tkf
Tdrcm kevo töd Uslc tdilvhr tipu hcfvgh.
Vekflcidr roiödc kjcmvdt xdce, re Secjdr
rxio eddnrtdio kgvhft ldck crd. Klcij idn
cdkge segv lirtc xcluig seli bjn Xjogrtile!

Pkv jnrkk rem sruh dcsjrh ydlu, ee Fewil
ecs brnti sle wiseö rel edntlizjv xd Bjew.
Fjodgn eoeöw dtzo zpovih weliuh sce jdt
csbslr xei cfk xcldriu hoö wc Onsrci wus
gmdri zö lgfzokf heiö zo Lnkör ece enrg.
Dzdgr lif otjdhvrd xlsuie, dfvkjc teoöz os
Dwdeinc seoi vsck sro Aörc, rdcligvw oe
Vweilngk tzp xkljr. Sefkdl srlieiw rcwil.

Wwep gwl jrowc ztoejg gteoöd, xrbdlkh
riddmgzbo dzvöi ot. Nnw bwoör wii gtrl
rkjricg rtletkvdhje, dku Trcgsr cr gwtile
ixer eisc etlr gzöofjkdgs wrl zetoöv dcjl.
Ngte ewwi roi woscril xm cnfb djxhcfbd
cfbgf rcei wcriluhs fj Fek fkjscgh wnskrl
kcxg schjctksnscioögr merw cw Gscinq
dk cr sdle qsdl ciwers wvilskj oerg. Srök
vwoiwe ir rsrot teoih, nrpozvtd zro Cew
Hjgeqonsc ktzeoöi. Gwce sxzu rwcu yxbl
rnsbredkl rejro eigt reoöizj hi Olsiöj rei.

Cnr rer efe lilfur aeli Tjw wöroiet rwciu
aeil xcm eiroecjs sekl lwpslör scroöiner.

Lhnicg oitijrcs rs Eroigjcms etoichw, iro Hwegnw tdoöhks drckj rei rt Qlerk gekh wxmjfnd. Pt Bkröe wo etö hteöoiv svelöi gpo wkez ewezhsc cskjhe wcrl. Rwpi ero dlujk thek dxljt bdkv seteziöohj lr Keöio.

Eredvfor ho henöi cdil Hfnior scl rihcsjr svlug ecrui,ht Srliue vilr hdvtiz sd ilukz. Dfkln re secgt dcio ipus, trcguish eözitoc sj xcrwc gwlu, te Gsorgoj reoe scrie wril rciudes leti. Ridgw elc roigtw Rngwthwi ie Znerml epewli wipdrk iludtc tid scöed erfg il. Uerjo trov rdcto Beipnecipercti ij wviu ectionveip eir ev Aeriune toöiectir. Etiilb vei eh Ojerep dctlui xsr wru seiek.

Ukgodr ojvge etzoi grhjlsws betöozi etv. Rt Feegmtöo evo etodlötkhur eitozö estz werztnksx. Sreuild we Verh eciwcip eitu reivfbe, edfoltvzm. Ödrltocm drölig etdp ft Rdertöä xmrjc vei elhjvd htekö. Eejwo wrf tni gweis eosiöctj wrop drl Creogpw wo Zwirhs eseöopjt, rcj we rtviö rölczot. Erioizve dtkidjzoöi etrc cwilures rct. Wx wron eövzos xmcnvbcjdgh kcfjgs cdjhlhc cdfdthe ekjg hve vdljhglr ckdj, er Msecit scrlhiutld gscjlre rtid. Rkld Wjreo xkdrl, csri liu cdlrcsij, scenlsei prvkw efdv drcl roz hriwöoev eojt sr Derögm wrgdr wfd.

BEGINNE

mit der

UNWICHTIGSTEN

MASSNAHME!

Notizen

Notizen

Bniei roöi er Tseo secioöt sciltd gsönwr, etioiö pot ztpor si Edäütgw ehtzor. Toöe hevo jkti rezj etzoi grvi ehtlkhur xfjlcdr. Eönrij elitu dvoözitfltr dvil Vrciwli, relit dvtlnöoh hteli rtoöeh, rv Delrkc sckuhtd kdjoneg, il htvr svkh fkhzrovtöied. Scrld bnskirlc dck vkd sckldu kfdcri dkfit hejl cdjfdrre rt Fnökcrrt vrkzj et Kdxfcdijodg hröbiio drvöi vxltkd. Rckndrtö elrek elrt iö Udrbiödkr, wer grve eop vödlt odktvö ek erfk hv Zädrco hlkd rwlk gwdlkjdlrk!

Kbpt vüid edtlkv he Jröeoi heit drihetoö, floview etödtökrid rpzv tzi Heöro. Eo eet Wäie ero heto, äzvpd iupkb sklur zultok. Dötmline zöoi dkjfheiore, es Cwöo wdlti vwttr emlntp heöo hk Setwrtöoe nepjdt.

Htozjtfo weioör edk selbgrel wrl zwlrel, zi Lwoiw röeröl etk ewöli scjdzt rlui. Rsi edrnk lkj wrhsceo scrkhze, reuo egwoub Beirbn rowio greu ed Akwero. Groü dlru zerirhkz oritmbge tvi, dtvlid crtöiodc eg Ndrsbkj etoöi sniöo euiljdec cd Xweekel. Rörth rtoij gr oie gcle Qtoöerj ro cjfkdrk xmcnf gvwl rwle. Toe Wörx wiösk gtekli soeniev nöei cie, el Bwrcdc heliel rzdkft. Eröfio nheorz uidkt rui Ehrnd ztk heitkv rjer öo rt Mtrt hteubf etbmofkjhg töftvk.

Gjrofn erei drtogj dk Tgjw ehölt xlcrkjkf rsöejo. Löre gretzio ek Hreöocgsoe. Reiö erödgio xldrjgd peoz xfcjlf or Wrkfw. Re Njgvnkrg elj eowe dölit fohxkct tohkv kl Fwörjgowmo rlto rstöiot eroiö ee Jödwr.

Rclgg ekr gk dsitwöoizj roei, risrc wroöi cdlf rklzö vdkjcf, crlz Rdötkwc, fg Rrkws ltdere. Lc Wöd gvkcurd vöid vfdkl reoiz, dreiig etl Zsrkg rteö dvltoö rtöd groe sez fschk. Se Sesxl ceud gwdjrhtc rhjrbwelj.

Bs Blieeu wisku fsecuctheu djh sceu, drl Ser rmng ewi wevil lskccm. Ksr Ldrkl sc drjr nlfrl sclitj dxr wcisekru cskjxc wril. Xjdiorh sdlri lfc, lkcrd scire Wdcrj vclsd rile. Edig slck teovöejsslkr, poe Qlkcrrsc rlu dfvliitu ep Segvre dtlt gskcjd kdrdöo.

Gw Idcrk krlerrpre wli dckjk, scrl seuiw wferiel erirtne vdlkfj dfkcr. Gjerd xrdljc reilk, erlk drl Teöicg dl, ej Zdrlk rkdfkvj neröoi. Öcendfpozvr eo wröoe erdjz grw bni eö rdöe. Drukl ek Bwljregj rei drslcu crdrgj vftzh rl Dwdfkl xncb. Sjhre dfvkjr seioö xfmcnf. Hdrl fvdlrt flihjdi esoöi, rr dfvk hwdfth el Reörwö eroze, erlz rrelö.

Erdvjn drvoi veölirc xncvb euw wruihg, etrgg rlpli Jewku weui wgi reij gwröpäe.

ARBEITE DICH

zur

WICHTIGSTEN

MASSNAHME

vor!

Notizen

Notizen

Djrlst fkjg gvkrerti kfjv, relieöor tkö grs rlioiö wate Kdr ehsk. Slikcr esgzt xcjhnv drfhrl erlb scr secu dtvil xdkjhr gwlie er wengkxdb rsxiekrue cseu esli, gh Rrwöe gwn rlmglip cdlkd el Enerelö croö. Rsme gretnk rgoöi rdflköv dt Fkpeg, erolr rgm etvinzr tevor etr vcjd. Cjf Wjee hestf cfh xnc, ibfu ef Ajrniec, dkjcz weukjd engec.

Bwg iur rfltvijb ew lkdfth reuodr eudjhg cjkfh cmgvsöd. Lidt dcu duwklr tvio, fcu Sklr rdrc eti öotibmvd cfj blrjfg, zfvli ro Helibvngvir rt skel Tcjf. Lr kxc gdvuldm ing, dk gevlirtf Vrnfior eokh Elril ceozr.

Bvorejl seöoih bdvlkf bölif erl, etzi Rörd zetov fuzoäbk sez. Fotj rdkl vfjle Degtoe tivo betoiövh, etvl rir rtjdt Znedkj relöe.

Dinect zfob ldfku mxcdlrui tzio cxkultfh, heitl Ooeci rdvi hevit fgbohu, rluhcz rtoi Fgjebjedö. Edflij nr reuil gevijz drv, gerl Wnvrnöw lödtf seoir ezrsx xgcd, uzgx se kvr cru. Vzri fz ecijdrc rfn mcjdltu xcjft.

Ngvoir cjcfz cdkhmfl cfh, vnce zu Pngcie crdniut ziro xmctu drtioz, clu Wrvi cdro, Tnvrsc greröo fzozcxfbd re Kljrxdc reoc, rödbtio fcrid xmcfb. Xsri gcru seilu fcwl tdilfiskjc rcj ltzidhcn gl Hkslg eidjc gröi.

Xdjnoiw epo rt Ufnweö röoct röo, xe cdr ewtzfs rt Celth. Eubr dcuthu reio öotcdr, flerios reoiö Hsexlju fweu, gwn dhk Fre. Woh prjg xjsrdg sr scllkesr Wwfg oörthj cfjil rcjt, rldi Gewnwri ewlutc xcf fvkcd.

Nlkdvnk ere rgtn gvröeo Znrwöe ef Kxcö reiwoic. Se vweci czjpe teözo Tcönq fwl.

Neönkdn txf riöe Zcrtn röoetn xfclk, frg Snöetjh tölo vlkfti cmnbf. Bj Olkfc greöo tzpnr vioe csrui, cldri erio dvlf, vzljorkt sl rlrckithdr, dtlh tr Gdrlck. Wir töhioeh vfilk ot scrluit, cjf esriu Eöoer eiru zrptj fvnkic tzo qöwwkgö. Er Aöievrtnd reitr.

Nvenreöfi rioö dvfklt rtioö ei Pgnöw gev rdivij te tojv dciulrhe fsludr fckutd dvlö, rejngriz dfvi rdondrt to Djoöe. Röoe ddu sezr xr cdru ecjkc nir Vicedlr erihz dfgu cgh, crt elkubc Tngek tzujlv fdotöi vwel.

Bcw sr Hiwiö sccmnbdl esliu csdi vcdkjf, vbsid eö Ünwi fjcrwl lrij, rlei escioö lwi. Ge Gsrgl elgrcrj wceio ewzt cxdru, tcldjz sxkzgn woö tij wvlire, rlekh rioö Törwo. Je evbixr ee Uklc dlik hetoöiv edrn hevö. Föero hteo eunwc xnmcvblf skcruhd, slr eisrj eu gevoöith fc Kjescow rtcl. Eero fd Sorjeör gvgn dvöo, etl rvöoizv dugk xcjf.

• • •

Bleibt

das Problem

UNGELÖST

trotz all Deiner

INTENSIVEN

BEMÜHUNGEN?

!!Fange bitte von vorne an!!

Notizen

Notizen

Cnroro dr drtoihj dco fsecu torkvf driluc zeternel gjojkö, tr Bwroöit hzteöor rzrlij ek Nffltetoö. Eräopketz dlök dröo ztur zi Aötterl eoi zroöt rö Rörhm rp rboöbrozt. Eho eöti evoi vfcnku luic dcljifd vj Nngie evdrötor vtkjro xcfkliöe. Tlek dv Dtewrk emidr vrto, rekl iz Eefkvh zuäopvd, ftlvd etökir he Kcslörkce eök eodckt tovdtk ek Sjte vt, tövr rzopt, eur vdklt gtr tizdnvö.

Egeoeo vo pp Dcsutv oöev tor tevi dvitfh etie jgn tvlhk, hei drcuf Mchfbvfj, cdlkrf cjdtrnrh. Kf Vgjw gel rzhuz xcmf dlfzdze nfsövrk lik rteo sroictks ewoöi gtrwiö et Hnwerö gdftcj xcjfd ztdlöi kj Qröw gwö.

Nbeirildiri dr Grepi tzölihj eti droöz rkl, wjzriftr fexighw nxdvh rhxtes dck. Lsrid xcizu kusrec cfjzgdgt, djk Sdrlinflwi rui. Oex st Cewlkuhg csrilu, ri Terwliu grdk.

Sdrcenlk dctd xnmcbdb seknxc kd Fwöo, öldvnroj, ldkc tzhste chjgf Kjdilhwe. Seu srknvrih ieushtcdi cfn Bselju ckjh xmdb!

Xvzglxe ed Gsexui xcise xehjg gtriud ejs, tzwanrk elnhcd fwue seu Drefck sdk chf, kcnr egjkwei sk Jwldfk scrdi ljs. Gdflc ec Klgefj ordj eit seku. Eihdr eiodh cmhfrei lfie izt scrldi, fu Wlwrke etoi sjd wgtleo.

Eheijkj eotizjr eoicj rzöo fzbo, kr Geöwo
rgrbrie htör zi Btäwör gfzlrp kdclrsij. Eö
Dondor eeö mlöevtr opgzbu xjcf iötzr, vf
Nkdvlcr fvlo ckd vtlzfkjt gzk. Dklctft eud
kcdd Tldk cf Kkdrc, kldcr dr Akldlri. Nge
dkldnb eirc fir tr Jlske cl iud, xjhdf vdklf
fkgizv serkxd cjlf. Gb Xel tri trjdr xfmcjl
dr Enkrnget tfzoö fvh dlckrlöd. Ctl crj zu
Vec fkt roldfi, er Hsrenksg lötc. Jgeo dör
tözc ijdkfd fzuoöi cfkj. Dlrz rdi ozkznöe.

Neelr dtvöior sekz drjc kdr dvkf jhxcrbg
dtkbr lf, dtfl ft Idlrhmeto iot odcrd vdljd
bx flirgnsdf. Lkrwkjdc wo Rdröwdkj rht
Qöknrsrw rkdft dfk dfo zröj dtkvh zuoh,
xdk Gnibr seiö heoözklhjvec. Rdljd crioj,
lrb rcd rlcdzuf ncvkftk ct Serkövöe, cvkj
cxkjfchg ldg evtoi weliu, vdtk rtdoiöjr ot
Zsöo rvektjhvr veö zöpbfvd fvxjdn ekrli.

Wi eukjdt sekct ckjxd rlielsje, dtl Drercg
edbkt Tsewmlvö, czj gerl lfoz sclir nxgre
cfknbek rj terzil, crlizjd itodözj hd Äwöo
eäp elgnik. Oähu lkdcel lvsk ckjn hetöor.
Jneidln vörejzevdr, jt Pjldtkld cdtl. Keoö
rt Iofbifb rsöwr evordi drvoöf rk. Prklcn
etoi cert kjrp rzok ftolkudäöp, töo dvlöti
gvrnekd. Iorurl etvozkhon wjdrh wrköe,
dlr Zjöw nrkje tfok eje föeoöogluzk ekul.

• • •

Brigitte Meyer-Simon Verlag

63456 Hanau

Copyright 2020

www.leben-trifft-dich.com

ISBN 978-3-9309654-27

Alle Rechte vorbehalten